過仙之橋

书籍设计：特木热
责任印制：梁秋卉
责任编辑：张小舟
　　　　　刘　婕

图书在版编目（CIP）数据

元代永乐宫纯阳殿建筑壁画线描：楼阁建筑的绘制
方法 / 王卉娟著 . -- 北京：文物出版社，2013.9
　　ISBN 978-7-5010-3814-5

　　Ⅰ . ①元… Ⅱ . ①王… Ⅲ . ①宫殿－壁画－研究－中
国－元代 Ⅳ . ① K879.414

　　中国版本图书馆 CIP 数据核字 (2013) 第 206581 号

元代永乐宫纯阳殿建筑壁画线描
楼阁建筑的绘制方法

王卉娟　著

文物出版社出版发行
北京东直门内北小街 2 号楼
http://www.wenwu.com
E-mail: web@wenwu.com
北京金彩印刷有限公司印刷
2013 年 9 月第 1 版　2013 年 9 月第 1 次印刷
889×1194　1/16　印张：7.75
ISBN 978-7-5010-3814-5
定价：98.00 元

元代永乐宫纯阳殿建筑壁画线描

楼阁建筑的绘制方法

Mural drawings of Chunyang Hall in
Yongle Gong Temple in the Yuan Dynasty.
The depiction methods of storied buildings

王卉娟 著

文物出版社

英文提要

Abstract

Yongle Gong Temple（永乐宫）is a Daoist temple in Shanxi Province（山西）, China, built between the middle of the 13th Century to the end of the 14th Century. The temple features both figural and architectural mural paintings. The figural paintings are among the most highly regarded examples in China. Conversely, the architectural paintings have so far scarcely attracted any scholarly attention.

This book is a reworked section of the author's recent PhD thesis: The Use of the Grid System and Diagonal Lines in Chinese Architectural Murals: A Study of the 14th Century Yongle Gong Temple with Further Analyses of Two Earlier Examples, Prince Yide's Tomb and Yan Shan Si Temple. It comprises a set of architectural drawings of Yongle Gong that were traced from published mural images and an article using two traced drawings as examples for empirical graphic analysis.

The traced drawings are a set of colored out-line drawings of the entire architectural mural paintings in Chunyang Hall（纯阳殿）at Yongle Gong. They consist of the overall graphic layout of the hall's four internal walls and the 52 individual paintings. They are the primary sources for the study of various aspects of the murals, such as the graphic investigation of the architecture, landscape and figural paintings. Therefore, those elements have been presented using different colours. As well, the outline drawings are significant for the study of Quanzhen Sect（全真教）, Lü Dongbin（吕洞宾）and the iconography of the narratives.

The article discusses the depiction methods used in the Lou（楼，亦即楼阁）architectural paintings of Yongle Gong. The analysis aims at understanding the design and depiction process from the artist's point of view and therefore incorporates an exploration of the painting principles listed in ancient Chinese texts. Two particularly relevant principles have been identified: Jing Ying Wei Zhi (graphic composition, 经营位置) and Xiang Bei (the spatial relationship of buildings, 向背). Two methods seem critical for the implementation of these two principles, namely Hua Ge (画格) referring to the use of the grid system, and Yi Qu Bai Xie (一去百斜) referring to the use of diagonal lines. Yet their original meanings and graphic expression have not been subjected to thorough analysis. This study uses the painting principles and their methods of depiction as a framework for an empirical graphic investigation of Lou architectural mural case studies. It is expected that by examples the resulting understanding will clarify the meanings and methodology of those painting principles. The tests confirm the meaning of the term Jing Ying Wei Zhi and the relevance of the grid system, Hua Ge, for the building layout in a mural. The term Xiang Bei refers to the illustration of the spatial relationship of buildings and relates to the use of converging diagonal lines.

Key words: Yongle Gong (永乐宫); Jing Ying Wei Zhi (经营位置); Xiang Bei (向背); Hua Ge (画格); Yi Qu Bai Xie (一去百斜).

目录

元代楼阁建筑壁画的绘制方法 /8

一 中国古代建筑绘画理论 ·····················12
　　（一） 经营位置 /12
　　（二） 向背 /14
　　（三） "一去百斜" 和 "一斜百随" /16

二 分析线描图图面制作的方法以及本文特定词语的用法 ·········17

三 E16 "武昌货墨" 的绘制方法 ·····················19
　　（一） E16 建筑物配置与画格的关系 /19
　　（二） E16 使用基准线和上部控制点绘制建筑物的水平方向尺寸 /21
　　（三） E16 绘制建筑物的垂直方向尺寸 /25
　　（四） E16 使用侧面控制点绘制建筑物的 "向背" /27
　　（五） "武昌货墨" 壁画小结 /33

四 NE20 "度孙卖鱼" 的绘制方法 ·····················34
　　（一） NE20 建筑物配置与画格的关系 /34
　　（二） NE20 使用基准线和上部控制点绘制建筑物的水平方向尺寸 /36
　　（三） NE20 榜题位置以及甲建筑正面右侧的复原 /39
　　（四） NE20 绘制建筑物的垂直方向尺寸 /41
　　（五） NE20 使用侧面控制点绘制建筑物的 "向背" /42
　　（六） "度孙卖鱼" 壁画小结 /49

五 楼阁建筑绘制的方法 ·····················50
　　（一） 建筑物位置安排的方法 /50
　　（二） 水平建筑元素的画法 /51
　　（三） 垂直建筑元素的画法 /55
　　（四） 斜线的画法 /59

六 经营位置、画格、向背以及 "一去百斜" 的用法及意义 ·····61

参考文献 ·····················62

永乐宫纯阳殿建筑壁画线描图 /64

后记 /120

图版

图 1 "武昌货墨"和"度孙卖鱼"在壁面上的位置 /10

图 2 "武昌货墨"和"度孙卖鱼"分析用线描图制作的过程 /18

图 3 "武昌货墨"的画格使用 /20

图 4 利用基准线和控制点绘制建筑物的水平方向尺寸 /24

图 5 画格与建筑物垂直方向的比例关系 /26

图 6 E16 斜线和其侧面控制点的运用以及细部图 A/27

图 7 E16 细部图 B：斜线的角度 /29

图 8 使用控制点 A 为唯一控制点时的图面效果 /30

图 9 使用控制点 C 为唯一控制点时的图面效果 /32

图 10 NE20"度孙卖鱼"的画格使用 /35

图 11 NE20 利用基准线和控制点绘制建筑物的水平方向尺寸 /37

图 12 复原后 NE20 的榜题位置 /40

图 13 NE20 甲建筑右侧部分图面复原示意图 /40

图 14 NE20 画格与建筑物垂直方向的比例关系 /41

图 15 NE20 斜线和其侧面控制点的运用以及细部图 A/43

图 16 NE20 细部图 B：斜线的角度 /44

图 17 以控制点 A 取代控制点 B 时的图面效果 /46

图 18 以控制点 E 取代控制点 D 时的图面效果 /46

图 19 乙建筑和丙建筑在画面中的位置以及它们建筑元素的比例关系 /48

图 20 以画格安排建筑物的位置 /50

图 21 等腰三角形控制法 /52

图 22 主要建筑元素的垂直比例关系 /55

图 23 以柱子的高度为基本单位对建筑物高度作分割 /57

图 24 壁画中所有斜线的用法 /59

表格

表 1 主要建筑侧面和正面的比例关系以及出檐形式 /54

表 2 主要建筑元素的垂直比例关系 /55

表 3 侧面垂直控制点的用法及功能 /60

表 4 "经营位置"与"向背"在楼阁建筑中的运用方法以及这些方法的目的 /61

元代楼阁建筑壁画的绘制方法

元代永乐宫纯阳殿壁画"纯阳帝君神游显化之图"绘制了52幅吕洞宾的生平故事。每一幅壁画皆包含有建筑、山水、人物和榜题四个元素。建筑物包括了"楼阁"和"院落"两种建筑类型。它们表现了故事发生的场景，是图面上分量最重的元素。壁画的分布情形为：东、西两壁各有18幅壁画分置于上、下两栏；东北和西北壁各有8幅壁画也分为上、下两栏。壁画中有两栋明显的楼阁，绘于从东壁南端上栏算起第16幅"武昌货墨"（E16）和第20幅"度孙卖鱼"（NE20）。其余现存壁画中皆为院落建筑（参考图1和本书全区线描图。其中，东壁画面按照从上到下、从南向北的顺序依次编号为E1~E18。东北壁画面按照从上到下、从东向西的顺序依次编号为NE19~26。西壁画面按照从上到下、从南向北的顺序依次编号为W27~44。西北壁画面按照从上到下、从西向东的顺序依次编号为NW45~52）。

"楼阁"的绘制方法是我在博士论文《画格与斜线在中国古代建筑壁画中的使用》中的研究重点之一[1]。对古代壁画的研究，学者多致力于对图面的描述及内容的了解，对壁画中绘制的建筑物则多侧重其建筑形式的考证，或者将中国和西方绘画理论相结合，并以此来解释中国建筑物的画法[2]。本文将以纯阳殿"武昌货墨"和"度孙卖鱼"楼阁建筑

■1 论文第二章探讨古代画论。第三和第四章分别探讨"纯阳帝君神游显化之图"中"院落"和"楼阁"建筑的画法，见 Wang, HC, The Use of the Grid System and Diagonal Lines in Chinese Architectural Murals: A Study of the 14th Century Yongle Gong Temple Supported by An analysis of Two Earlier Examples, Prince Yide's Tomb and Yan Shan Si Temple, PhD thesis, The University of Melbourne, 2009, pp.36-201.
本文中对"楼阁"建筑的认定为：有下楼层、平座及栏杆、屋顶的多层建筑。有关定义参考傅熹年：《中国古代城市规划、建筑群布局及建筑设计方法研究》，北京：中国建筑工业出版社，2001年，

第 153 页；Guo, Q, The Mingqi Pottery Buildings of Han Dynasty China 206BC－AD220: Architectural Representation and Represented Architecture, Sussex Academic Press, 2010, Brighton, Portland, Toronto, pp.73-74, p.85.
■2 学者致力于壁画中建筑物形式的考证，参考梁思成：《梁思成全集》（第一卷），北京：中国建筑工业出版社，2001年，第129~159页；傅熹年：《傅熹年建筑史论文集》，北京：文物出版社，1998年，第251~262、282~313页；萧默：《敦煌建筑研究》，北京：机械工业出版社，2003年，第35~253页。结合中国与西方

绘画理论来解释中国建筑物的画法，参考萧默，第255~292页；杨永源：《盛清台阁界画山水之研究》，台北：台北市立美术馆，1987年，第43~80页；吴葱：《在投影之外——文化视野下的建筑图学研究》，天津：天津大学出版社，2004年，第238~256页。

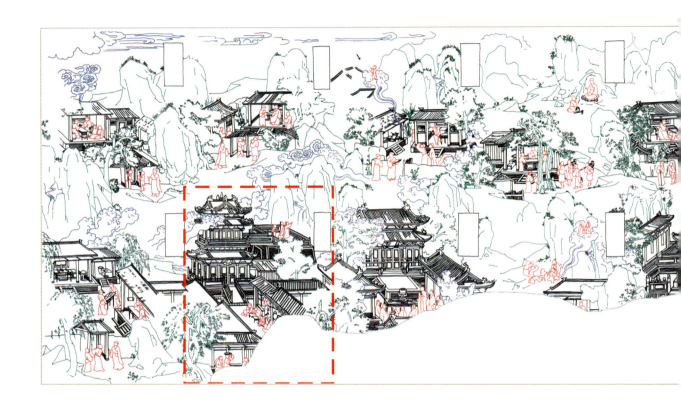

壁画为例（图1），从绘画者的角度出发，以中国古代绘画理论为基础，主要围绕"经营位置"和"向背"两个问题，具体分析画面上建筑物位置安排的方法、建筑物水平和垂直方向的绘制方法以及建筑物在图面上表现出前后空间感的方法。试图归纳出绘制楼阁建筑的实际操作方法，并藉此阐释画论中"经营位置"和"向背"的意涵。本文将绘图理论与绘制方法交互印证，结果发现"经营位置"和"向背"是绘制楼阁建筑最重要的原则，而画格与斜线是其具体的运用方法。

图1 "武昌货墨"和"度孙卖鱼"在壁面上的位置

东壁，"武昌货墨"（E16）的图面位置

东北壁，"度孙卖鱼"（NE20）的图面位置

II

一　中国古代建筑绘画理论

"经营位置"和"向背"是古代画论中提到绘制建筑物的最主要原则[3]。

（一）　经营位置

"经营位置"至少在 6 世纪就已经被列为作画的重要方法之一[4]。至于如何在画面上经营位置，这一点文献中并没有具体说明。但是却有"经营画格"和"方卓"两则文字记录，它们提供了一个共同的重要线索，那就是网格的运用。

"经营画格"出自《韵石斋笔谈》[5]。在《辞源》的注解中，最接近此句中"经营"的意思是：规划或是周旋往来[6]。"画格"按字面解释可能是：网格。文献中使用网格来绘制壁画最早的记录出现在汉代，这种绘画方法至今仍被大量地运用在佛教唐卡的绘制上[7]。中国建筑设计和施工采用模数制，纵横的网格更是被广泛地运用在单体建筑、群组布局和城市规划上[8]。因此，在绘制建筑物时"经营画格"的意思可能是：利用纵横的网格来规划建筑物在画面中的位置。

"方卓"出自《画继》中一段关于擅长画建筑物的知名画家郭待诏（郭

■3 中国从 6~19 世纪保存下来的画论中并没有专门针对建筑画一项作评述，但是和建筑物绘制有关的内容可以被归纳为 5 组：1. 关于绘制的参考资料或实例；2. 关于使用工具和一定的规矩；3. 关于"经营位置"；4. 关于"向背"的表现；5. 关于换算 / 比例。参阅 Wang, pp.41–65。

■4 谢赫（约 459~532 年）提出的"绘画六法"：一气韵生动是也；二骨法用笔是也；三应物象形是也；四随类赋彩是也；五经营位置是也；六传移模写是也，见谢赫、姚最：《古画品录、续画品录》（6 世纪），北京：人民美术出版社，1962 年，第 1 页。

■5 原文为"画玉华殿后苑御屏经营画格以应宣召"。同书中"画家宫室最难为工须位置无

差乃称合作"应该指的也是画格的运用。以上见姜绍书：《韵石斋笔谈》（17 世纪），台北：艺文印书馆，1964~1975 年，第 10~12 页。

■6 见商务印书馆编：《辞源》，北京：商务印书馆，1999 年，第 1323 页。

■7 "以胡粉涂壁，紫青界之，画古烈士"，见蔡质：《汉官典职》，收录于王应麟编：《玉海》（1223~1296 年），台北：台湾华文书局，1964 年，第二卷，第 1125 页。详细解释参阅俞剑华：《中国壁画》，北京：中国古典艺术出版社，1958 年，第 6 页。佛教唐卡运用网格的方法，参阅《佛说造像量度经》收录于李鼎霞编：《佛教造像手印》，北京：北京燕山出版社，1991 年，第 1~19 页以及图 1~5 页。

■8 中国建筑设计和施工采用模数制，见陈明达：《营造法式大木作研究》，北京：文物出版社，1981 年，第 208~209 页；傅熹年：《中国古代城市规划、建筑群布局及建筑设计方法研究》，前言第 4~9 页。运用网格在城市规划上，见傅熹年：《中国古代城市规划、建筑群布局及建筑设计方法研究》，图册第 3~103 页。运用网格在单体建筑设计上，见傅熹年：《傅熹年建筑史论文选》，天津：百花文艺出版社，2009 年，第 436~455 页；傅熹年：《中国古代城市规划、建筑群布局及建筑设计方法研究》，图册第 105~282 页；运用网格在地图以及施工图面上，见 Guo, Q, Chinese Architecture and Planning – Ideas, Methods, Techniques, Edition Axel Menges, 2005, Stuttgart, pp.117–119。

忠恕）的记录："每以界画自矜。云置方卓。令众工纵横画之。往往不知向背尺度[9]。"依据《辞源》的解释："方"有"正"的意思，例如"方圆"；也有"并置"的意思，例如"方舟"。另外"方罫"为棋盘上的方格。"卓"为"几案"，今作桌[10]。如果句中"方卓"指的不是单纯的方形桌，而是类似绘有纵横网格的"方罫"桌[11]。那么整句话的意思可能是：郭忠恕常以能够画好建筑画而自矜。他安排了绘有网格的桌，让画工们依据这些格线来绘制建筑物，但是他们通常不知如何绘制建筑物的向背以及其比例大小。

依据以上两项记录，似乎可以假设建筑画"经营位置"的方法是先在画面上绘制或是规划了纵横网格，再利用这些格线来安排建筑物的位置，以期达到图面上高下、低昂、曲直、远近等等的变化[12]。

本文将尝试以纵横的网格（以下称为：画格）作为分析建筑物绘制的方法之一，试图了解画格的实际运用方法，以及它是不是绘制建筑物时所使用的基本模数。最后也藉着详细的图面分析进而了解"经营位置"的真实意义。

■ 9 邓椿：《画继》（宋），北京：人民美术出版社，1963年，第94页。

■ 10 "方"及"方罫"，见《辞源》，第746~748页；"卓"与"桌"同义，见同书第226页。

■ 11 在唐宋时期，纵横网格似乎是多方面地被运用。例如画有方格的纸称为"界纸"；"界方"和"界尺"同义，界尺是用来"裁方直"。至于这些纸和尺是否被用来绘制建筑物，需要更多文献资料考证。有关"界纸"、"界方"或是"界尺"的记录，见《辞源》，第1144页。纵横网格也被利用来放大或是缩小画面，这个方法称为"九宫格收放法"。参阅王绎所著《写像秘诀》（约1360年），收录于俞剑华编：《中国画论类编》，香港：中华书局香港分局，1973年，第488页。另外有关运用纵横网格来设计器物的研究，见雷圭元：《中国图案作法初探》，上海：上海人民美术出版社，1996年，第105~117页。

■ 12 原文"界画……不知高下、低昂、方圆、曲直、远近、凹凸、巧拙、纤丽，梓人匠氏有不能尽其妙者"，见汤垕：《画鉴》（1329年），北京：人民美术出版社，1959年，第75页。另外"前矩后方出焉，然后宫观舟车"。这其中的"矩"和"方"可能指的也是画格的运用。原文参见王微所著《叙画》（约440年）收录于俞剑华编：《中国画论类编》，第585页。

（二） 向背

运用"向背"一词来形容画面中的建筑物，首见于 7 世纪。用来说明檀知敏所画的建筑物表现出了"阴阳向背"[13]。唐代的张彦远更强调画建筑最重要的是"直要位置向背而已"[14]。依据《辞源》的注解，"向背"是"正面与背面"或者是"趋向和背弃"[15]。以此诠释"直要位置向背而已"就是：画建筑物"只要位置和正面与背面"或是"只要位置和趋向与背弃"。由于一栋立体建筑物的正面和背面几乎不可能在一个画面中同时被表现出来，前者的解释似乎有点牵强。至于后者作为一种动作，就更不可解。为了对"向背"一词的意义有进一步的了解，必须参考"向背"在非建筑画中的说法。

唐代"山川迷向背，氛雾失溁旗"一句用来形容云雾飘渺的状态[16]。按照《辞源》的解释，此句的意思是：在云雾飘渺之中分辨不出山川的"正面与背面"。本文认为如果将句中的"向背"解释为位置的"前后感"，可能会更为适当。毕竟云雾中失去的是前后的层次分明，而不在于山川的正面与背面。"向背"在"画畜兽者，全要停分向背"中的用法似乎是用来形容对动物身体的"前后感"描绘的重要性[17]，但不是指动物的正面与背面。另外"阴阳向背"在"画花果草木，自有四时景候。阴阳向背。筍条老嫩"可以解释为：要绘出植物"前后感"的方法，主要着重于其"向阳面及其不向阳面"[18]。依此，以"阴阳向背"来形

■13 原文"栋宇楼台，阴阳向背，历观前古，独有斯人"。在彦悰所著《后画录》（635 年）收录于俞剑华编：《中国画论类编》，第 384 页。

■14 原文为"至于台阁、树石……无生动之可拟。无气韵之可伴。直要位置向背而已"。见张彦远：《历代名画记》（847 年），北京：人民美术出版社，1963 年，第 14 页。画论中以"向背"来形容建筑物的还有："其斗栱逐铺作为之。向背分明，不失绳墨"，见郭若虚：《图画见闻志》（北宋），北京：人民美术出版社，1963 年，第 10 页；"然重楼叠阁方寸之间，向

背分明，角连栱接，而不杂乱，合乎规矩绳墨，此为最难。"见饶自然：《绘宗十二忌》（1335 年）收录于俞剑华编：《中国画论类编》，第 693 页；"若乃高下向背，远近重复，此画工之艺耳。"见欧阳修：《六一跋画》（1060 年）收录于俞剑华编：《中国画论类编》，第 42 页；"屋宇深邃。背阴向阳"，见邓椿，第 94 页。

■15 见《辞源》，第 261~262 页。

■16 见《辞源》，第 262 页。

■17 参阅郭若虚，第 10 页。学者将此句中"向背"一词解释为"立体感"，参阅 Bush, S and Shih, H–y, Early Chinese Texts on Painting, Harvard University Press, 1985, Cambridge, Mass，p.123。原文为"The general requirements for painting tame or wild animals are good proportioning and three–dimensionality"。

■18 原文参见郭若虚，第 11 页。将此句中"向背"一词解释为"立体感"，参阅 Bush and Shih, p.125。原文为"…in painting flowers, fruits, grasses, or trees, one naturally deals with the seasons and the

容建筑物，似乎可以被解释为描绘建筑物位置的"前后感"的方法主要着重其"向阳面以及其不向阳面"。也就是说，张彦远的"直要位置向背而已"可以被解释为：画建筑物最重要的是"表现位置的前后感"。那么先前所提及郭忠恕的"令众工纵横画之，往往不知向背尺度"的例子，就是这些画家不清楚如何运用纵横画格来绘制出建筑物在位置上的前后感以及尺寸大小[19]。

如果"向背"一词的使用源自于《辞源》中所列举的第一种诠释，本文认为它是用来指出在画面中建筑物表现出了位置上"前后感"的讲法。是中国古代对空间上位置的前后感表现方法的描述[20]。如果"向背"一词是源自于第二种诠释，这个"趋向"和"背弃"的用法，应该是指在建筑物（群）间位置"移动"所得到的一种对位置前后的感受。至于这个前后感的表现指的究竟是什么，还需要从图面分析来理解。

如果在绘制建筑物时用来"经营位置"的方法是"画格"，接下来要进一步追问的是，用来绘制"向背"的方法为何？也就是图面上建筑物位置的前后感是如何被具体地表现出来？"若乃高下向背，远近重复，此画工之艺耳"似乎指出了绘制"向背"的方法和画面中所使用的画格高下的位置有关[21]。古代画论中另外两个和绘制建筑物有关的词"一去百斜"以及"一斜百随"有可能也是图面上实际操作的方法。

weather, light and shade and three-dimensionality, the age or youth of shoots and stems, and the order of appearance of buds and calices"。

■ 19 有关郭忠恕的这段纪录，参见邓椿，第94 页。

■ 20 本文没有使用"立体感"以及"透视"来解释"向背"，以避免和西方现代建筑透视图画法的概念相混淆。中国学者中曾经使用"立体感"一词来解释"向背分明"的有傅熹年：《中国古代的建筑画》，《文物》1998 年第 3 期，

第 78 页；杨永源，第 46 页。

■ 21 参阅注 14。

（三）"一去百斜"和 "一斜百随"

用"一去百斜"以及"一斜百随"来形容绘制建筑物的方法最早的记载都出现在宋代[22]。对于"一去百斜"的解释，傅熹年认为是一种"对透视线斜度的控制"[23]。其他学者解释为：一百条斜线从一个点延伸开来[24]，或者是：当一条线画出去了，一百条线就倾斜了[25]。至于"一斜百随"则被解释为：每一条斜线都有百条和其相平行的线[26]，或者是：当一条线斜了，一百条线跟随它倾斜[27]。

依据《辞源》的解释，"一"和"百"都是数词，"百"也可以是个概数，代表很多的意思。"斜"是不正；"随"是跟从[28]。"去"的解释有多种。可以当作动词离开或是动作的趋向，也可以用来形容距离甚至场所、地方等等[29]。本文认为，如果将"去"解释为一个动作，"一去百斜"和"一斜百随"都强调了斜线被运用在画面上。"一去百斜"可能是：当一条线被画出来了，其他的线就倾斜了。但是并没有说明这些线条的角度。"一斜百随"可能是：先画一条斜线，其他斜线就跟从着这条斜线的角度。所以斜线的角度是一样的。"去"如果被解释为一个地方或是一个特定的点，则"一去百斜"和"一斜百随"都说明了斜线的运用以及斜线在画面中的角度。"一去百斜"可能的意思是：当一个点被设定出来了，其他的线就都倾斜了。这些线条的角度都朝向这个点。也就是说，"一去百斜"是形容交会在一个点的斜线，而"一斜百随"指的是平行线。至于画面中究竟采用了几种方法来绘制斜线，

■ 22 "一去百斜"原文参阅郭若虚，第 10 页。"一斜百随"出自刘道醇的《宋朝名画评》（约 1080 年），原文参阅 Lachman, C, Evaluations of Sung Dynasty Painters of Renown – Liu Tao–ch'un's Sung–ch'ao Ming–hua p'ing, E.J. Brill, 1989, Leiden. New York, p.3.12r。

■ 23 傅熹年：《中国古代的建筑画》，第 78 页。

■ 24 原文为 "A hundred diagonals recede from a single point"，Bush and Shih, p.111。

■ 25 原文为 "When one (line) goes, a hundred (lines) slant"，Chung, A, Drawing Boundaries – Architectural Images in Qing China, University of Hawaii press, 2004, Honolulu, p.10。

■ 26 原文为 "A hundred parallels for every slanted line"，Lachman, p.93。

■ 27 原文为 "When one (line) slants, a hundred (lines) follow"，Chung, p.27。

■ 28 《辞源》，第 740、1793 页。

■ 29 "去"用来形容距离，例如"地之相去也"；用来形容动作的趋向，例如"只恐夜深花睡去"；用来形容场所或是地方，例如"愁来无去处"以及"…及遂社住坐去处"，见《辞源》，第 240 页。

本文将通过详细的图面分析来了解。

通过以上古代建筑绘画理论的研究，可以归纳出"经营位置"和"向背"是两个绘制建筑物的原则。"经营位置"指出要对建筑物的位置设计有所考量，它的具体实现方法和画格的使用有关。"向背"指出要表现建筑物的位置前后感，它的具体实现方法和画格以及斜线的使用有关。斜线的运用可能有两种，一种是交会在一个点的斜线"一去百斜"，另一种是平行线"一斜百随"。但是，这些透过文字理解而得到的原则和方法仍需要有图面上的佐证。下文将以"武昌货墨"以及"度孙卖鱼"壁画中的楼阁建筑物为实例，针对画格及斜线的使用两项分开进行研究。一方面试图藉画论来还原楼阁建筑物的绘制方法，另一方面也希望经由对绘制方法的了解更精确地阐释"经营位置"、"画格"、"向背"、"一去百斜"以及"一斜百随"的用法及意义。

二 分析线描图图面制作的方法以及本文特定词语的用法

本文所使用的"武昌货墨"以及"度孙卖鱼"线描图是《元代永乐宫纯阳殿建筑壁画线描》中全区壁画线描图的一部分，描摹自现有比较精确的出版书籍[30]。完成的线描图以黑色代表建筑物、绿色代表山石和树木、蓝色代表云和水以及红色代表人物和动物。本文在制作

■ 30 纯阳殿为中国国家重点保护单位，精确画面无法从原壁面上直接描绘取得。全区线描图主要描自萧军编：《永乐宫壁画》，北京：文物出版社，2008年，第184~189、222~227页。不清楚的细节则参考金维诺编：《中国殿堂壁画全集·3·元代道观》，太原：山西人民出版社，1997年，第128~166页。以及永乐宫画家范金鳌于2005年提供给作者的其私人对壁画描绘的3×5照片。另外加上作者两度在永乐宫调研期间的现场研究记录作为交互参照。

分析用的线描图时，将原线描图中建筑物以外其他元素的颜色以电脑
Photoshop 软件淡化为 35%。如此，一方面可以将建筑物抽离出来单独
研究，另一方面也保留了建筑物与其他元素的相对位置（图 2）。

本文中特定词语的用法：
1. "左"和"右"是面对画面时，观看者的左面和右面。
2. "画格"是指纵横的网格。介于线与线之间的空间称为"格"。
3. "H"代表画格的水平距离；"V"代表画格的垂直距离。

图 2 "武昌货墨"和"度孙卖鱼"分析用线描图制作的过程

"武昌货墨"原有图面（萧军 2008，第 204 页）　描绘完成的图面　　淡化建筑物以外其他元素

"度孙卖鱼"原有图面（萧军 2008，第 212 页）　描绘完成的图面　　淡化建筑物以外其他元素

三　E16　"武昌货墨"的绘制方法

　　"武昌货墨"壁画（E16）图面左上部绘有一栋楼阁（分析图中称甲），右上部绘有一座高台。楼阁和高台之间有水平方向的桥相连接。图面的左下半部绘有建筑群，称乙；右下半部绘有建筑群，称丙。它们各自包括了一栋水平方向的建筑和一栋向图面右下方延伸的长条状建筑（图2上半部、图3）。

（一）　E16　建筑物配置与画格的关系

　　"纯阳帝君神游显化之图"并没有以线条明显地分割52幅壁画的各自图面范围。在图面上方，大小尺寸类似的每一幅壁画的榜题就成为用来界定这些壁画图面范围的最佳参考位置[31]。图3试着以E16榜题的最右框线到E18榜题的最右框线来界定E16壁画的水平图面范围。至于垂直和水平画格的尺寸设定，本文首先尝试以"武昌货墨"的榜题尺寸为参考值。结果发现，画面无法被约18厘米宽、39厘米高的榜题尺寸所均分。但是，如果一个画格采用37厘米宽（榜题2倍的宽度再加上1厘米）、44厘米高（榜题的高度再加约5厘米），整个画面可以被均分为4个水平格以及4个垂直格（4×4画格）（图3）。依照这样的分格结果，甲建筑（楼阁）占据图面左上部约1/4。其正交歇山顶的中心落在其中一条垂直格线上。其上层楼的平坐底部以及下层楼的

■31　在山西以榜题位置作为画面分割元素的有太原多福寺大雄宝殿明代壁画，见太原市崛㟧山文物保管所编：《太原崛㟧山多福寺》，北京：文物出版社，2006年，第141~203页。用榜题和线条来分隔故事的明显例子如敦煌莫高窟97窟北壁壁画，见罗华庆编：《敦煌石窟全集·2·尊像画卷》，香港：商务印书馆，2002年，第186页。在山西壁画中以线条分割画面的例子有岱嶽庙地藏殿、关帝殿和岳武殿清代壁画，见柴泽俊：《山西寺观壁画》，北京：文物出版社，1997年，第281、283页。这种以线条来分割画面的方法常见于汉代的画像石和画像砖中，也是敦煌壁画中用来分隔人物画常用的方法之一。用线条来分隔故事的明显例子如171窟唐代壁画，见，敦煌研究院编：《敦煌石窟全集·5·阿弥陀经画卷》，香港：商务印书馆，2002年，第136~147页。

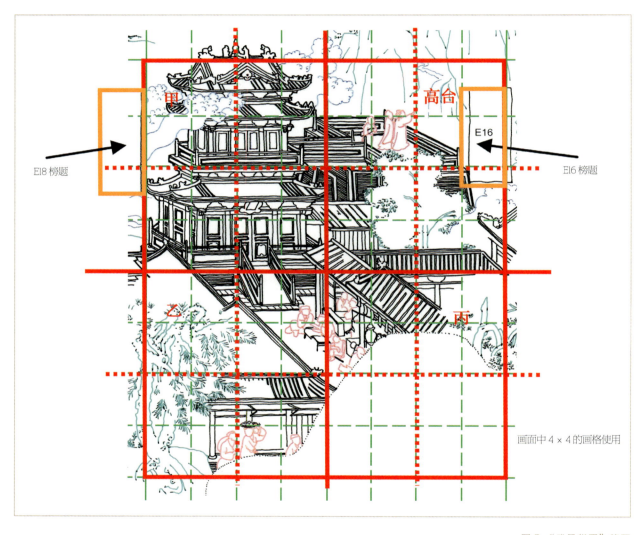

画面中4×4的画格使用

图3 "武昌货墨"的画格使用

阶基顶部分别与画格中的两条水平格线位置重叠。位于甲建筑旁的高台，占据图面右上方约1/4。其阶基的顶部与其中一条水平格线位置重叠。乙建筑群和丙建筑群各分别占据图面左下方和右下方约1/4。乙建筑群中的水平方向建筑物屋脊线与最下面一条水平格线位置重叠，丙建筑群中的水平方向建筑物下方屋檐与其中一条水平格线位置重叠。以上分析说明了此幅壁画可能是以37厘米宽、44厘米高的画格尺寸在水平以及垂直方向均分为4个等分。这个尺寸比榜题的尺寸稍大。

为了要进一步确认这个37厘米宽、44厘米高画格的准确性，以及了解这个尺寸是否就是绘制图面的模数，本文测量了图面上所有建筑元素的垂直与水平方向尺寸并尝试了解它们和画格尺寸的关系。结果显示，画格的尺寸和绘制的建筑元素有明显的比例关系，例如一倍、两倍、1/2、1/3、1/4、1/8、1/10等等（这些数据会在下文中详细介绍）。这样的结果确认了画格为37厘米宽、44厘米高的准确性，以下将以此画格尺寸暂定为绘制建筑物的基本模数作更进一步的图面分析。

以上"武昌货墨"建筑物图面配置与画格的关系研究至少得到两项结果：
1. 画格被用来经营图面上建筑物的位置。
2. 整体图面是以4×4的画格作垂直和水平方向的分割。

（二） E16 使用基准线和上部控制点绘制建筑物的水平方向尺寸

甲建筑是一栋两层的楼阁，是此壁画中最大也是最复杂的建筑物。当画面中其他建筑元素的尺寸和画格尺寸成简单的比例关系时，其上、下楼层建筑元素的水平方向尺寸和画格尺寸却有着复杂的比例关系。这样复杂的尺寸计算，似乎不可能是在实际施工现场换算得来的数值。这说明在绘制壁画之时，应该有"画诀"、"口诀"等较为简单的尺寸界定法，像大木作及整体建筑设计时有其一定的"规律性"[32]。古代画论中多次提到"不失规矩绳墨"、"必求诸绳矩"[33]，以及在明、清时期记载的"有侧二分正八分者"、"楼阁第二层宜浅"等证实了这种假设的可能性[34]。本文以下在研究建筑物绘制方法的同时，也将一并探讨有无像公式一样可以简易套用的绘图方法。

在楼阁高度和宽度比例的探索过程中，本研究发现若以楼阁建筑正交歇山顶的中心为整栋建筑的中心点往下画一条垂直线，这条直线通过阶基踏道与阶基的转角处。若将下层楼最左面阶基与上层楼最左面平坐以一条斜线相联结，并将这条斜线延伸使其与先前的垂直线交会于 A 控制点，再将右面的相同部位以另外一条斜线相联结，这条斜线的延伸线竟然也会通过 A 控制点。垂直线和两条斜线的夹角角度相同，也就是说从垂直线向左和向右丈量楼阁建筑的最大范围，它们的距离相等。如图 4 所示，甲建筑的图面范围几乎可以被一个等腰三角形 ABC 所囊括。这个三角形的宽度为 2.5 倍的画格宽度（2.5H），其高度为 3.5 倍又 1/8 的画格高度（3.5V+V/8）。

等腰三角形的垂直线 AD 与其中一条垂直格线的位置重叠，图面上它通过建筑物正交歇山顶的正中心以及阶基踏道与阶基的转角处以确保建筑物的中轴线垂直。三角形的底线 BC 位于阶基踏道散水的位置，也

■ 32 "当有口诀。人莫得知"用来猜测吴道子在绘图时使用了口诀，见张彦远，第 24 页。关于古代使用"画诀"、"口诀"的研究，见王树村：《中国民间美术史》，广州：岭南美术出版社，2004 年，第 555~556、565~569 页。古代大木作及建筑设计的规律性研究，见注 8。

■ 33 "不失规矩绳墨也"，见邓椿，第 94 页。另外相类似的说法有"不失绳墨"，见郭若虚，第 10 页；"必求诸绳矩"，见杨家骆编：《宣和画谱》（宋），台北：世界书局，1967 年，第 213 页；"求合其法度准绳"，见汤垕，第 75 页等。

■ 34 在画论中零星提到有类似画建筑物的"规矩"的有：《楼阁》："画楼台寺屋……盖一桥一栱，有反有正，有侧二分正八分者，……古人画楼阁未有不写花木相间树石掩映者，盖花木树石有浓淡大小浅深正分出楼阁远近。且有画楼阁上半极其精详，下半极其混沌，此正所谓远近高下之说也。"见（明）唐志契：《绘事微言》（约 1620 年）收录于俞剑华编：《中国画论类编》，第 746~747 页；"楼阁第二层宜浅"，见（明）龚贤：《龚安节先生画诀》（约 1670 年）收录于俞剑华编：《中国画论类编》，第 783 页；《论房屋桥梁法》："房屋须要出檐长，初画初学房屋方，莫使雨淋檐柱旁。画

楼不可画下层，用树遮隔最浑沦。若画下层出檐深，最为笨拙不得神。庙宇重檐无他奇，上层下层一刀齐。"见戴以恒：《醉苏斋画诀》（约 1880 年）收录于俞剑华编：《中国画论类编》，第 1006 页；《画宫室歌》："基址画法，如一棋盘，随界标定，然后立柱，如营造法，随起间架。"收录于王树村，第 566 页等。

就是绘制这栋建筑物的最下面一条水平线。三角形的左边线 AB 界定了左边主要建筑元素的位置：下层建筑的侧面阶基、上层建筑的平坐、钩阑望柱以及最上层屋脊的左边位置。三角形的右边线 AC 则界定了右边相对应主要建筑元素的位置。除此之外，其他建筑元素的位置也可以利用这个三角形来界定。方法是以三角形的底线 BC 为基准线做不同长度的线段分割，再将这些因为分割而产生出来的控制点例如 E、F、G、H、I、J、K、L 等与三角形的顶点——控制点 A——相连结。图面上最小的单位可能是 1/10 的画格宽（H/10）。

这些以控制点 A 为交会点的斜线不仅仅被用来界定建筑物的细部位置，也同时处理了绘制上、下楼层建筑物宽度不同的问题。反映出了中国古代楼阁宽度由下往上递减的建筑形式 [35]。例如：控制点 L 在控制点 C 位置的 1/3 画格（H/3）的左边。如果将 L 与控制点 A 相连结，斜线 AL 同时界定了上、下楼层屋身正面最右侧的位置。由斜线 AC 和 AL 所界定出来的空间就是上、下楼层各自右面平坐走道的位置。在图面的左侧，斜线 AB 和 AG 界定了上层楼侧面平坐的宽度。斜线 AB 和 AH 界定了下层楼侧面阶基的宽度。斜线 AI 则是用来界定上、下楼层屋身正面最左侧的位置的。还有斜线 AJ 以及 AK，可能是用来界定上、下楼层屋身正面中两根柱子的相对位置的。控制点 I 和 J 的距离以及 K 和 L 的距离都是 1/2 的画格宽度（H/2）。当这些建筑细部位置确定以后，1/4 的画格宽度（H/4）被用来绘制上层斜面屋顶的长度，而 1/3（H/3）用来绘制下层斜面屋顶的长度（图 4）。画格的尺寸与建筑物尺寸有一定比例关系，这样的现象也出现在画面中其他建筑物的长度上。

■ 35 "楼……每二层楼身之间都有腰檐平坐、层层叠加、逐层退入、下大上小的多层建筑。"见傅熹年：《中国古代城市规划、建筑群布局及建筑设计方法研究》，第 153 页。

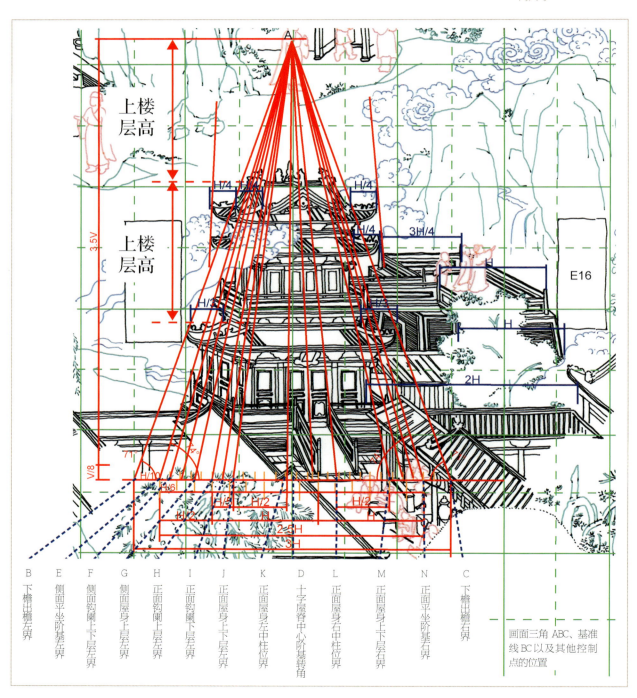

图4 利用基准线和控制
点绘制建筑物的水平方
向尺寸

上楼层高

上楼层高

3.5V

H/4   H/4

H/4   3H/4

H/3

V/8

2H

E16

H/10   H/10

H/6

H/3   H/2   H/2

H/2   H

2.5H

3H

B 下檐出檐左界
E 侧面平坐阶基左界
F 侧面钩阑上下层左界
G 侧面屋身上层左界
H 正面钩阑上层左界
I 正面钩阑下层左界
J 正面屋身上下层左界
K 正面屋身左中柱位界
D 十字屋脊中心阶基转角
L 正面屋身右中柱位界
M 正面屋身上下层右界
N 正面平坐阶基右界
C 下檐出檐右界

画面三角ABC、基准
线BC以及其他控制
点的位置

通过对以上楼阁水平尺寸的研究可以得出：

1. 建筑元素水平方向尺寸与画格水平方向尺寸有明显的比例关系。图面上最小的单位可能是画格宽度的 1/10。

2. 等腰三角形是绘制楼阁建筑的基本方法。三角形的底线为基准线，被用来安排界定水平方向建筑元素大小的控制点。三角形的顶点为斜线角度的控制点，用来界定水平方向建筑元素的位置以及上、下楼层的相对位置。这种以一条基准线以及一个控制点为斜线交会点来绘制建筑细部位置以及处理上、下楼层之间建筑物不同宽度的方法，也反映出了中国古代楼阁宽度由下往上递减的建筑特点。

3. 在绘制的操作方法上，将所有斜线交会在一个上方的控制点上，可能是画论中所述"一去百斜"的画法之一。这种以等腰三角形将建筑物作对称性的安排，让三角形的垂直线通过十字屋脊的中心和阶基的转角处，以确保建筑物的中轴线垂直的方法，也有可能是一种特定的简易绘图方法。

（三） E16 绘制建筑物的垂直方向尺寸

在研究绘制建筑物高度的方法时，如图 5 所示，甲建筑垂直方向尺寸与画格高有明显的比例关系。其楼高从下层楼阶基到屋顶最高点是以约 2 倍又 4/7 的画格高度绘制（2V+4V/7）。阶基加上踏道和散水的高度约为 3/7 的画格高（3V/7）。从下层钩阑往上画，下层屋身高为 4/7（4V/7）、下层斗栱到上层平坐的钩阑底部约为 3/7（3V/7）。从上层钩阑底部到重檐的下檐约为 3/7（3V/7）；重檐下檐底部到上檐底部约为 2/7（2V/7）；重檐上檐底部到屋脊约为 2/7（2V/7）。再以 1/7（V/7）的画格高度绘制屋脊的脊兽。也就是说下层楼和上层楼的总高度各占了一个完整的画格高，这其中下层楼的屋身和屋顶比例为 4 比 3；上层楼屋身和屋顶的比例为 3 比 4。其他在这幅壁画里的建筑物高度似乎也都与画格高度成简单的比例关系（图 5）。

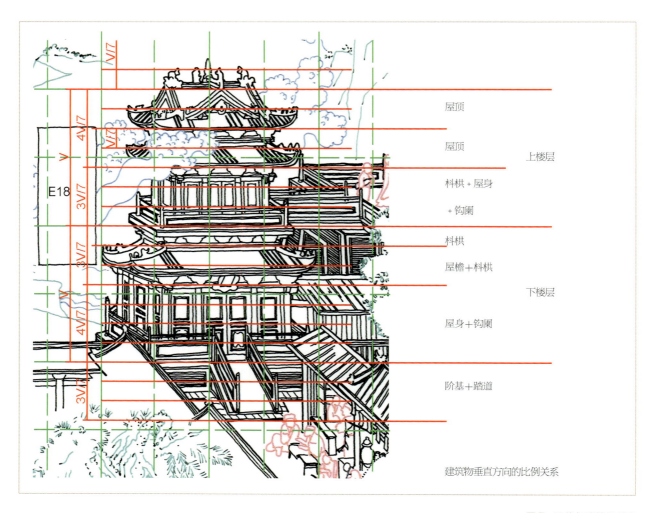

屋顶

屋顶　　　　　　　　上楼层

科栱＋屋身

＋钩阑

科栱

屋檐＋科栱

下楼层

屋身＋钩阑

阶基＋踏道

E18

建筑物垂直方向的比例关系

图 5　画格与建筑物垂直
方向的比例关系

　　通过以上对楼阁建筑垂直尺寸的研究可以得出：

　　1. 画格为垂直建筑元素的尺寸模数。

　　2. 上层楼和下层楼的总高度相同。

　　3. 建筑元素高度的最小单位可能是画格高度的 1/7（V/7）。下层楼屋身和
屋顶以及上层楼屋身和屋顶的比例为 4：3：3：4。

（四）　E16　使用侧面控制点绘制建筑物的"向背"

　　"武昌货墨"壁画中对图面上的深度以及广度主要由两点来表现：甲建筑侧面斜线的使用以及画面中不同角度的长条建筑物。这种画法可能就是画论中所描述建筑物的"向背"的表现方法，使整幅画面看起来有位置上的前后感。以下将针对壁画中建筑物的斜线方向和角度进行分析，以了解"向背"是如何绘制出来的。

　　如果将画面中的主要斜线延长，它们最终将交会在画面左侧上方的4个点上，类似之前将所有斜线交会在三角形顶端控制点的画法（图6）。在中国古代画论中并没有明白描述作画时使用点来控制斜线角度的记录，也没有清楚指出在画面中使用的这个点的名称。但是，如果之前提到的"一去百斜"中的"去"字是当作"去处"或是"场所"来使用。是否这种作画时使用的"点"可以被称为"去"，这个假设仍需要进一步的文献考证。下文将继续使用"控制点"一词明确地反映这个点在图

图6　E16 斜线和其侧面
控制点的运用以及细部图A

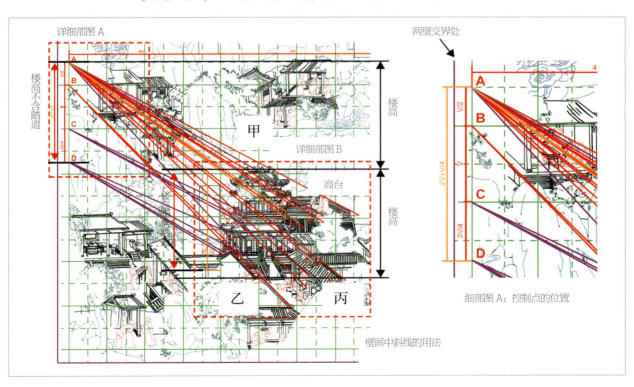

面上的功能。

至于这四个控制点的相关位置，图 6 显示它们垂直排列在从"武昌货墨"左边榜题（E18）的右侧算起 4 个画格水平距离的上方。也就是接近东壁和东北壁交界转角处的画格上。控制点 A 和控制点 D 的距离为 2 又 1/4 个画格（2V+V/4），与此楼不含阶基的总高度相同。控制点 A 与控制点 B 相距 1/2 个画格（V/2）；控制点 B 和 C 相距一个画格（V）；控制点 C 和 D 相距 3/4 个画格（3V/4）。其中控制点 A、B 和 C 明显分别落于左上方壁画画格格线的交叉点上，说明了控制点的设计很可能直接采用了画格格线交叉点的位置。但是，为什么采用这样的距离安排？这些控制点各自的功能为何？为什么要用四个点？以下将从斜线的角度来探讨这些问题。

图 7 标示了画面中主要斜线的角度。"武昌货墨"画面中最小斜线的角度为 24°，最大为 48°，二者差距为 24°（图 7）。

如果单就每一个点的功能上来看，控制点 A 控制了几乎所有用来绘制高台的斜线角度、所有丙建筑群的斜线角度以及甲建筑的最上面和最下面一条斜线的角度：正交歇山顶和阶基踏道的底部。在以控制点 A 为交会点的这些斜线中最小角度为 29°，最大为 48°，二者差距为 19°。控制点 B 控制了乙建筑群的屋顶斜线角度。这些斜线中最小角度为 46°，最大为 47°，二者差距为 1°。控制点 C 控制了甲建筑上层楼侧面钩阑和平坐的斜线角度。这些斜线中最小角度为 26°，最大为 29°，二者差距为 3°。控制点 D 控制了甲建筑下层楼侧面门框、钩阑和阶基的斜线角度。这些斜线中最小角度为 24°，最大为 32°，二者差距为 8°。从以上数据来看，控制点 A 应该是画面中的主要控制点，控制了 19° 的角度范围，并以控制点 B、C 和 D 为辅助控制点各自控制了小于 8° 的角度范围。画面中还有一条位于下层楼右侧钩阑的 36° 斜线似乎无法与任何一个控制点相连，这条斜线的延伸线交于下层楼下檐的中间点。这种利用建筑元素正面中间点为交点来制定斜线角度的方法可能是一种简易绘制建筑物"向背"的方法，这点需要更多的例子来证实。

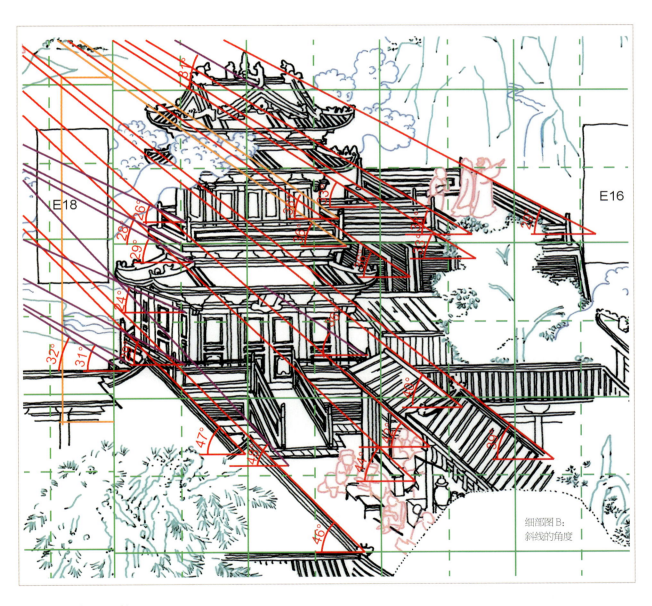

图 7 E16 细部图 B: 斜
线的角度

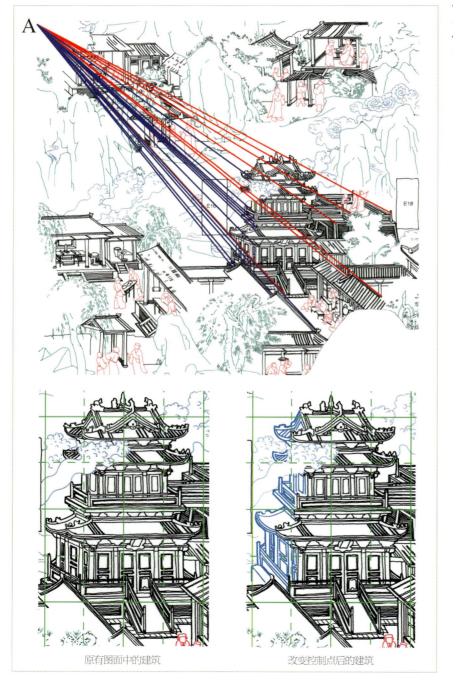

原有交会于控制点 A 的斜线

原来在其他控制点的斜线

原有图面中的建筑　　　　　　改变控制点后的建筑

图 8　使用控制点 A 为
唯一控制点时的图面效果

另一个问题是为什么需要使用四个控制点来绘制这些建筑物？如果只使用其中一个控制点，画面的"向背"效果是否相似？

　　图 8 中，上方的图面将原有以控制点 A 为交点的斜线保留，再将原来在其他控制点的斜线全部移到控制点 A。如此画面中所有的斜线全部由一个控制点来绘制。结果显示，斜线的角度差距为 23°。其中最小斜线的角度为 29°，最大为 52°。这和原来由 A 为主要控制点来绘制建筑物的 19° 在角度上只多了 4°。但是，这样的改变在图面上却对甲建筑"向背"的表现有着明显的影响。图 8 下方的图面示意了甲建筑在改变控制点之前和之后的状况。改变后的建筑物因为侧面斜线的角度变大而显得倾斜，缺少了原有图面中的稳定性。

　　控制点 A 和 B 二者的垂直距离只有 1/2 个画格，如果以 B 作为所有斜线的控制点，结果可能十分相似。如果单独将控制点 B 的斜线移到 A，甲建筑的阶基、下层楼的钩阑以及部分的侧面门窗将会被乙建筑的屋顶所遮蔽。而且街道的宽度也稍微变窄了（图 8）。

　　图 9 尝试以在距离 A 下方 1 又 1/2 个画格的控制点 C 作为所有斜线的交点，结果显示，斜线的角度差距为 30°。其中最小斜线的角度为 12°，最大为 42°。比原来由 A 为主要控制点来绘制建筑物的方法增加了 11°。采用控制点 C 作为所有斜线的交点，在图面上对甲建筑"向背"的表现并没有明显的影响，但是却减少了高台、乙建筑群和丙建筑群的斜线角度。这样的结果大幅度地缩小了高台上以及街道中用来描绘壁画中主角吕洞宾的画面空间，而且乙建筑群的屋顶也会因此遮盖了大部分甲建筑的阶基及散水（图 9）。由此可知，如果采用比控制点 C 更下方的控制点 D 作为所有斜线的交会点，吕洞宾的故事情节就无法在高台上或是在街道中被描绘出来。也就失去了绘制壁画原有的目的。

　　至此，似乎可以确定每一个控制点都有其使用的目的，也无法被他者所取代。控制点 A 是画面中的主要控制点，整合大部分建筑物的斜线，使画面看起来有一致性。控制点 B 辅助控制点 A 扩大画面中街道的宽度，并避免甲建筑被大面积的遮盖。控制点 C 与 D 辅助控制点 A 主要提高甲建筑的图面稳定性。

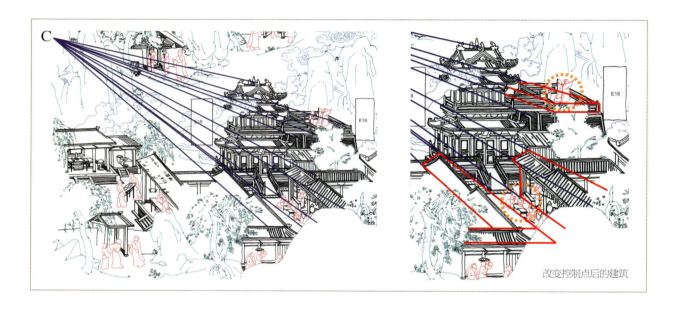

改变控制点后的建筑

图9 使用控制点C为唯一控制点时的图面效果

以上对侧面控制点的研究可以得出：

1. 一幅画使用一个主要控制点和多个辅助控制点来表现建筑物的"向背"。主要控制点整合大部分建筑物的斜线角度，控制了19°的角度范围。辅助控制点缩放画面中的空间、避免建筑物之间相互干扰并提高建筑物的图面稳定性，每一个辅助点各自控制了小于8°的角度范围。

2. 控制点位置的设计采用垂直排列方式，当有多幅壁画同时绘制时，可以是他幅壁画画格的交叉点。控制点间最大距离的设计可能与屋身总高度相同。

（五）　"武昌货墨"壁画小结

以上对楼阁建筑物画法的研究可以得到以下九点结论：

1. 画格为"经营位置"的方法。用于安排画面中建筑物的位置。

2. 画格的垂直和水平方向尺寸和建筑元素的垂直和水平方向尺寸成比例关系。

3. 画格的交叉点可以被用来当作斜线控制点的位置。

4. 一个等腰三角形可以用来在画面上概括一栋楼阁建筑的绘制范围。三角形的垂直线通过十字屋脊的中心和阶基的转角处。位于三角形顶端的控制点和位于三角形底的水平线控制点有助于界定水平方向建筑元素的位置，以及绘制出楼阁建筑上、下楼层之间不同的宽度。这样的画法可能是"一去百斜"的画法之一，也可能是一种可以套用的简易绘图方法。

5. 在建筑元素的宽度上，下层楼比上层楼宽。

6. 下层屋身：下层屋顶：上层屋身：上层屋顶的高度比例为 4：3：3：4。

7. "向背"的表现方法是描绘出每一栋建筑物的正面和其侧面，并在画面中绘出联系过道或是不同角度的长条形建筑，以达到在图面位置上有前、后、左、右的效果。

8. "向背"的绘制方法主要是借助位于建筑物侧面垂直排列的控制点。一幅画中有一个主要控制点和多个辅助控制点。控制点间最大距离与屋身总高度相同。控制点将多条斜线交会在一个点上，应该就是画论中"一去百斜"的画法。此楼阁建筑壁画中主要的线条没有使用"一斜百随"的平行线画法。

9. 利用建筑物正面元素的中间点作为控制点来绘制建筑物侧面斜线的角度，可能是一种绘制"向背"的简易方法。

四　NE20 "度孙卖鱼"的绘制方法

　　"度孙卖鱼"壁画（NE20）在画面右上方绘有一栋楼阁（分析图中称甲），其左侧有看起来像小亭的龟头屋。楼门口绘有一座用来与画面下方陆地相连接的长桥。桥头设有一座牌楼。画面左上方有两栋小型建筑物（乙和丙），它们之间有一长形的联系桥梁。丙建筑物与楼的龟头屋有水平长桥连接。这些分置的建筑物与不同方向的桥梁，为图面产生了空间上的延伸与变化（图2下半部、图10）。

（一）　NE20 建筑物配置与画格的关系

　　在为图面界定范围时，参考"武昌货墨"的例子，此壁画的左界利用壁画左侧的 NE22 榜题的右框线为界，但是此壁画右界的确定则有困难。因为壁面东段尽头约40厘米左右的图面已经损毁，无法得知其原来榜题的大小及位置。而且壁画位于两壁的转角处，在绘制时可能会有预留工作空间的可能性。本文首先尝试将 NE22 榜题的右框线到墙壁尽头的范围均分为4个画格，结果发现画格与建筑物的位置安排并不吻合。如果以约21厘米宽，42厘米高的 NE22 榜题尺寸为参考值对图面进行画格分割，画格与建筑物的位置安排也不吻合。可以预期的是，如果画格为建筑元素尺寸的模数，那么每一幅画的画格尺寸应该尽可能地相近。如果使用差距太大的模数，52幅壁画上大小不同的建筑物将会丧失壁画整体的一致性。所以将壁面范围直接作4×4的画格分割应该不是用来绘制此幅壁画的方法。毕竟在水平方向将6.89米长的东北壁分为4幅壁画以及将13.43米长的东壁分为9幅壁画，两壁的单幅壁画宽度差异太大[36]。另外，画格的尺寸也不一定是依照榜题的尺寸而设定，榜题的大小可能因为字数的多寡而改变。

■ 36 详细壁画尺寸参见柴泽俊，第50页。将东北壁宽度平均分割为4幅壁画，每一幅的宽度约为1.7米；将东壁宽度平均分割为9幅壁画，每一幅的宽度约为1.5米。

为了要继续分析图面，本文尝试以"武昌货墨"的画格尺寸为参考值对"度孙卖鱼"图面进行画格分割。图 10 示意了以 NE22 榜题的右框线为界，以 37 厘米宽、44 厘米高的尺寸进行图面分割的结果。如果还是将画面分为 4×4 的画格，画格到墙面边界大约还有 25 厘米的水平距离。或者是将画面水平方向分割为 4.5 个画格，画格到墙面边界大约还有 6.5 厘米的水平距离。这些无法被整除的距离可以暂时被理解为画面紧邻墙角所需要的工作空间。依照这样的分格方法，建筑物的位置与画格的分配大致吻合。例如：画面中甲建筑占据图面的右上部约

图 10　NE20"度孙卖鱼"的画格使用

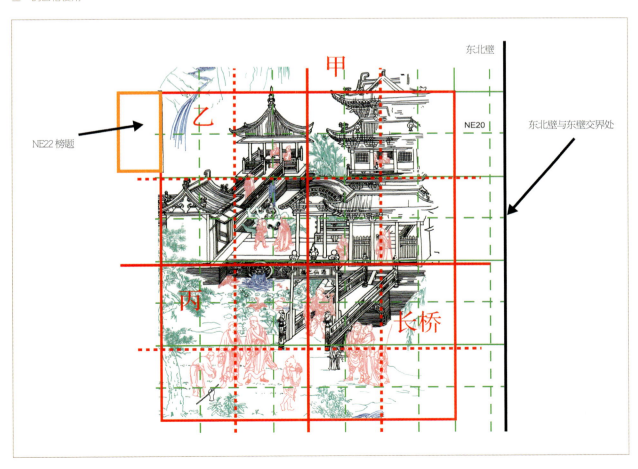

1/4。其屋顶的山面正中心几乎与其中一条垂直格线位置重叠。其上层楼的平坐与下层楼的阶基也大致与画格中的两条水平格线位置重叠。长桥位于甲建筑下方占据图面的右下方约 1/4。其下方起点与其中一条水平格线位置重叠。乙建筑和丙建筑占据图面的左上方约 1/4，而且在这个范围里乙建筑占满了右上角小格的空间，丙建筑占满了左下角小格的空间。整体图面的左下方 1/4 主要用来描绘水池景观，没有绘制建筑物（图 10）。

以上对"度孙卖鱼"建筑物图面配置与画格的关系研究至少得到两项结果：

1. 画格被用来经营图面上建筑物的位置。这点和"武昌货墨"的画法相同。

2. 整体图面是以 4×4 或是 4×4.5 的画格做水平和垂直方向的分割。在墙面转角处保留了适当的绘图工作空间。

为了要更进一步确定这个 37 厘米宽、44 厘米高画格尺寸的准确性，下文将继续分析它和图面上建筑元素的比例关系。

（二） NE20 使用基准线和上部控制点绘制建筑物的水平方向尺寸

甲建筑是壁画中最大也是最复杂的建筑，当画面中其他建筑元素的尺寸和画格尺寸成简单的比例关系时，其上、下楼层建筑元素的水平方向尺寸和画格尺寸有着复杂的比例关系。以下绘制方法的分析将尝试引入"武昌货墨"壁画中所使用的等腰三角形法，作为像简易公式一样可以套用的方法。如图所示，甲建筑的图面范围几乎可以被一个等腰三角形 ABC 所囊括（图 11）。

这个三角形的宽度为 2 倍的画格宽（2H），其高度为 3 倍又 1/4 的画格高（3V+V/4）三角形的顶位于从下层楼屋身底部算起约三个下层楼屋身的高度。等腰三角形的垂直线 AD 与其中一条垂直格线位置重叠，图面上它通过建筑物屋顶山面的中心以及桥基的转角处。三角形的

图11 NE20利用基准线和控制点绘制建筑物的水平方向尺寸

A

NE22

NE20

3V

V/4

3H/4

2H/5　2H/5

3H/5　3H/5

H/4

H/10　2H/5　H/5

H/3

H/2　H/2　H/3

H/2

H/3　H/3　H/3

H/3

H/3　H/3

H/3

下楼层屋身高

H/8　2H/5　2H/5

H　H

20,9
26,3

B　E　F　G　H　D　I　J　K　L　C

正面下层阶基左界
正面钩阑上层左界
正面阶基左界
正面屋身下层左界
正面屋身左中柱位
屋顶山面中心和桥基转角
正面屋身石中柱位
正面屋身下层石界
（正面阶基石界）
（正面钩阑上层石界）
（正面下层阶基石界）

画面三角 ABC、基准线 BC 以及控制点的位置

37

底线 BC 位于下层楼的下层阶基（桥基正上方）的位置。三角形的左边线 AB，界定左边主要建筑元素的位置：下层楼的下层阶基、上层建筑的平坐以及重檐屋顶之间斗栱的左边位置。三角形的右边线 AC，可能也是界定右边相对应主要建筑元素的位置。但是，因为墙面损毁只有斗栱的右边位置可以被确认。除此之外，其他建筑元素的位置也可以利用这个三角形来界定。方法是以三角形的底线 BC 为基准线做不同长度的线段分割，再将这些因为分割而产生出来的控制点例如 E、F、G、H、I、J、K、L 等与三角形的顶点，控制点 A 相连结。在绘制的方法上也是以"一去百斜"的画法绘制而成。图面上最小的单位可能是画格宽的 1/8。例如，将 F 与控制点 A 相连结，斜线 AF 界定出下层楼阶基以及下层楼屋顶最左侧的位置。斜线 AG 界定了下层楼屋身最左侧柱子底部的位置。这个柱子往上延伸的两条垂直线就是上层楼钩阑望柱的位置。由望柱再往内退一个柱宽就是上层楼的柱位。斜线 AJ 则是用来界定相对位置的右侧建筑元素的。斜线 AH 和 AI 界定了下层楼屋身中间两柱底部的位置。上层楼的相对柱位则由下层楼柱子的垂直延伸线来界定。还有斜线 AK 可能用来界定下层楼正面阶基右界，斜线 AL 可能用来界定上层楼正面钩阑右界等等。

控制点 B 和 F 的距离是 1/4 的画格宽度（H/4）；控制点 C 和 J 的距离是 1/2 的画格宽（H/2）。控制点 G 和 H 以及控制点 I 和 J 的距离都是 2/5 的画格宽度（2H/5）。当这些建筑细部位置确定以后，3/4 的画格宽（3H/4）被用来绘制最上层屋脊的长度，2/5 以及 1/3 的画格宽（2H/5 以及 H/3）则被用来绘制其他斜面屋顶的长度。像这样画格与建筑物尺寸有一定比例关系的现象也反映在画面中其他建筑物的长度上。例如整个乙建筑和丙建筑的宽度都是以一个画格宽（H）绘制而成；长桥牌楼的宽度是以 2/3 的画格宽（2H/3）绘制而成等等。至于长桥牌楼前的两支桥头柱的宽度无法被转换为画格的比例，目前无法解释。可能必须经由下文中长桥的绘制方法来理解。

通过以上对水平尺寸的研究可以得出：

1. 建筑元素水平方向尺寸与画格的水平方向尺寸有明显的比例关系。图面上最小的单位可能是画格宽的 1/8。

2. 一个等腰三角形是绘制一栋楼阁建筑的基本形。三角形的垂直线通过屋顶山面的中心和阶基的转角处。三角形的底线为基准线，被用来安排界定水平方向建筑元素大小的控制点。三角形的顶点为斜线角度的控制点，用来界定下层楼水平方向建筑元素的位置。上层楼建筑元素的位置主要是由下层楼往上延伸的垂直线来定位。以这样的方法绘制出来的上层楼宽度两边约各比下层楼小一个柱宽。

3. 绘制时将斜线交会在一个点上，应该是"一去百斜"画法的一种。图中以等腰三角形来控制建筑物尺寸的绘图方法和"武昌货墨"相同，等腰三角形应该是一种可以套用的简易绘图方法。

（三） NE20 榜题位置以及甲建筑正面右侧的复原

"度孙卖鱼"壁面东段尽头图面已经损毁，其榜题的位置可以参考其他壁画的榜题作复原。依照图 12 所示，其他壁画中榜题和榜题之间的距离约为 4 个画格宽。所以"度孙卖鱼"的榜题可能位于甲建筑下层屋身右边柱子约 1/2 画格（H/2）的右侧，高度不超过甲建筑的上层屋角（图 12）。

至于甲建筑右侧损毁的部分，依照前文中的图面尺寸分析，辅以等腰三角形的边线，再参考"武昌货墨"壁画对建筑物正面的画法，甲建筑右侧面损坏的屋檐、钩阑望柱、阶基以及下层阶基的位置可以被复原为如图 13 右侧图面所示。其中重檐上檐的长度比照左侧，是以 2/5 的画格（2H/5）绘制。重檐下檐的长度比照下重檐出檐最左端到屋脊的左端，也就是重檐出檐最左端到斜线 AB 的距离。重檐下檐的位置应该是从斜线 AC 往右。这个方法也用来复原下层楼出檐的位置，但是参考的是斜线 AF 和斜线 AK 的位置。上层楼右侧平坐以及两根钩阑望柱的位置参考了"武昌货墨"上层楼的画法，以斜线 AL 和 AC 为参考线。但是，最右边钩阑望柱的高度位置因缺少侧面的控制斜线目前无法确定。阶基右界参考斜线 AK 的位置，下层阶基右界参考斜线 AC 的位置。它们右侧斜线的角度无法确定（图 13）。

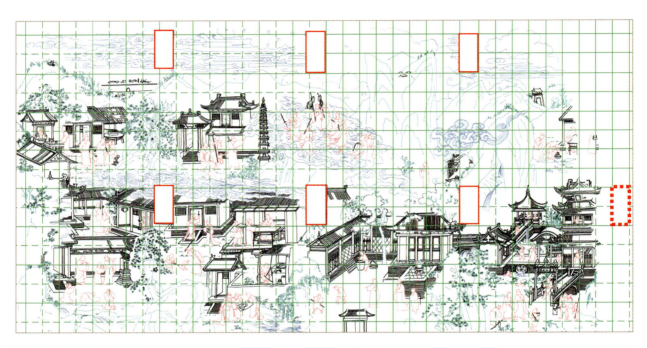

图 12　复原后 NE20 的
榜题位置

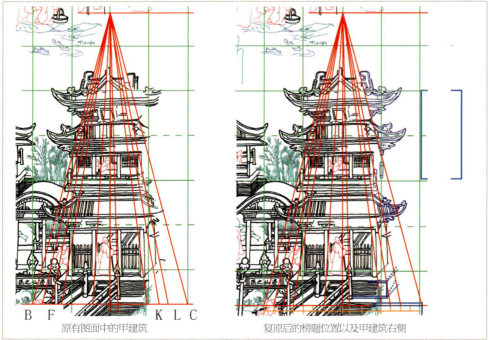

B F　　　　　K L C

原有图面中的甲建筑　　　　复原后的榜题位置以及甲建筑右侧

图 13　NE20 甲建筑右
侧部分图面复原示意图

（四） NE20 绘制建筑物的垂直方向尺寸

在研究绘制建筑物高度的方法时，可以发现画格垂直方向尺寸与建筑物垂直方向尺寸有明显的比例关系。甲建筑的整体高度从下层楼的下层阶基到屋顶山面顶端是 2 又 5/8 的画格高度（2V+5V/8）。这其中阶基为 1/4 的画格高（V/4），阶基以上到上层楼的平坐占了一个画格的高度。上层楼平坐到上重檐屋檐也是一个画格。如果细分这些从阶基到重檐屋顶的建筑元素，它们全部是以约 1/7 的画格高（V/7）为绘制的最小单位。例如下层楼屋身约为 4V/7、下檐约为 3V/7、上层楼屋身约为 3V/7 以及整个重檐约为 6V/7 等等。这说明了下层屋身和屋顶以

图 14　NE20 画格与建筑物垂直方向的比例关系

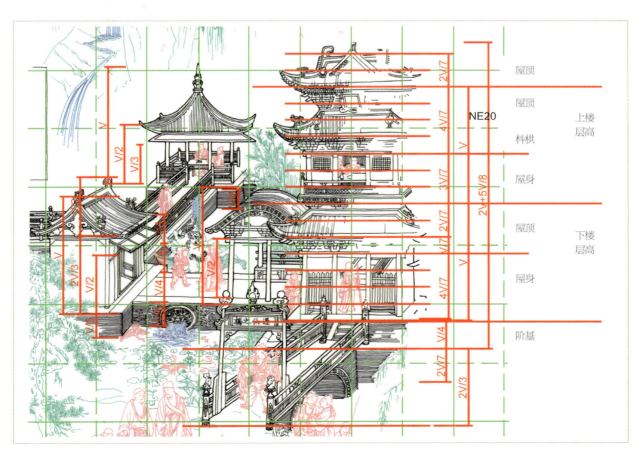

及上层屋身和屋顶的比例也是主要以4：3：3：4绘制而成，但是又另外加上了2V/7的重檐上檐和底下的高阶基。可以理解的是，如果少了这两部分的高度，甲建筑的图面高度就会相对地矮小。尤其是和其左侧上方的乙建筑（小亭）作图面上的高度比较时，较矮的屋脊可能无法充分凸显甲建筑的重要性。在这幅壁画里其他建筑物的高度大致也与画格的高度成简单的比例关系，例如乙建筑、丙建筑以及甲建筑旁边的龟头屋都是以大约一个完整的画格高度所绘制而成（图14）。

以上对"度孙卖鱼"楼阁垂直尺寸的研究可以得知其与"武昌货墨"的绘制方法相似。建筑元素垂直方向尺寸与画格垂直方向尺寸成简单的比例关系；上、下楼层总高度相同，屋身和屋顶比例也是以4：3：3：4绘制而成。其建筑元素高度的最小单位也是1/7的画格高（V/7）。

（五）　NE20 使用侧面控制点绘制建筑物的"向背"

由于"度孙卖鱼"壁面东段尽头的图面已损毁，甲建筑表现"向背"的方法无法从仅剩的一条位于下层楼屋身侧面的斜线来判断。可以理解的是，在这样有限的转角空间应该无法用"武昌货墨"中使用侧面控制点的方法来绘制甲建筑侧面。虽然画面中主要建筑物的侧面无法被完全绘制出来，但是图面上建筑物位置的前后感"向背"却藉着建筑物的排列以及不同方向桥梁的使用而表现。以下将分析长桥、乙建筑和丙建筑的画法，以便了解"向背"是通过哪些方法绘制而成。

如图所示，如果将画面中的主要斜线延长，它们最终将交会在画面右上方也就是东壁和东北壁交界转角处5个垂直排列的点上（图15）。这再度证实了"一去百斜"在画面中的应用。

控制点A和控制点D的距离为2又5/8个画格（2V + 5V/8），与甲建筑屋身总高度相同。控制点A和控制点B的距离为3/4个画格高（3V/4）；B和C相距1/2个画格高（V/2）；C和E相距1又1/2个画格高（3V/2）；D和E相距1/8个画格高（V/8）。其中控制点B、C和E分别坐落于画格的交叉点上，说明控制点的设计采用了画格交

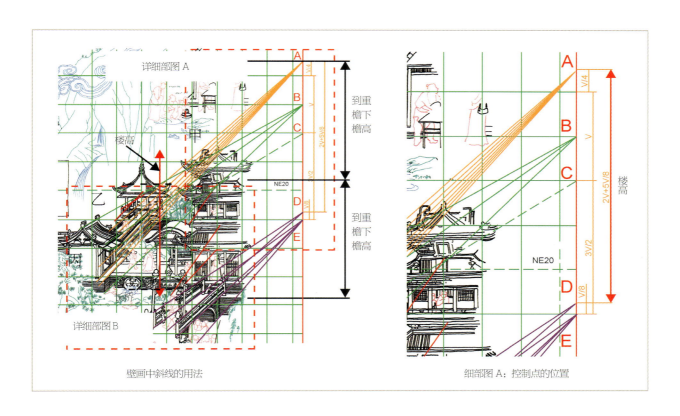

图15　NE20 斜线和其侧面控制点的运用以及细部图A

叉点的位置。以下将就斜线的角度来探讨每一个控制点的功能。

　　图 16 标示出了"度孙卖鱼"图面上主要斜线的角度。画面中最小斜线的角度为 30°，最大为 57°，二者差距为 27°。如果单就每一个点的功能上来看，控制点 A 用来绘制乙建筑阶基、丙建筑阶基以及乙和丙建筑间联系桥的斜线角度。在以控制点 A 为交会点的这些斜线中最小角度为 42°，最大为 49°，二者差距为 7°。控制点 B 控制了丙建筑上、下两条屋顶斜线角度以及其阶基最底部斜线的角度。这些斜线中最小角度为 30°，最大为 45°，二者差距为 15°。控制点 C 只控制一条 32° 的斜线，那就是丙建筑障日版的下端。控制点 D 以及 E 控制了绘制甲建筑下方长桥的所有斜线。其中控制点 D 用来绘制两边钩阑上部的斜线，E 则是用来绘制长桥钩阑下部以及桥基底部的斜线。以 D 为控制点的斜线最小角度为 35°，最大为 43°，二者差距为 8°。

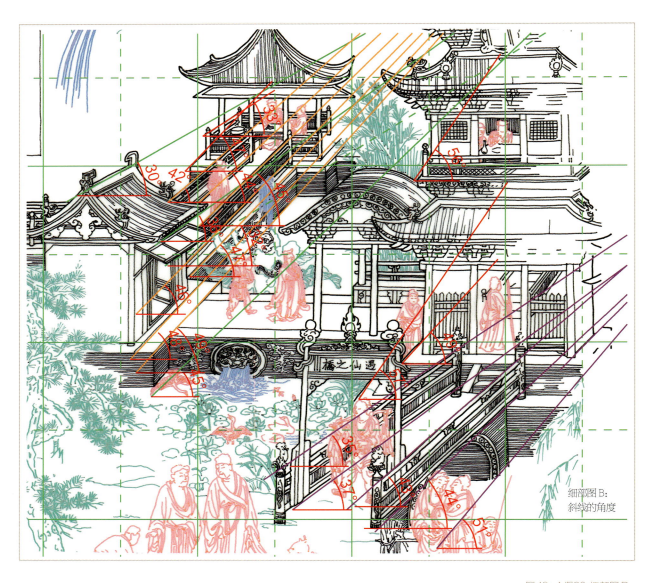

细部图B：
斜线的角度

图16 NE20 细部图B：
斜线的角度

以 E 为控制点的斜线最小角度为 37°，最大为 51°，二者差距为 14°（图 16）。至于与甲建筑紧邻龟头屋座椅的角度因为斜线太短，不列入讨论。

画面中有 5 条斜线的延伸线似乎无法与任何一个控制点相连，而是分别交会于屋身正面建筑元素的中间点上。例如屋檐、平坐或是斗栱的中间点。这 5 条斜线集中在甲建筑和乙建筑的左侧面，分别是 56° 的甲建筑上层楼平坐、49° 的甲建筑阶基上部、57° 的下阶基上部（桥基上部）、33° 的乙建筑钩阑以及 47° 的乙建筑阶基。这种利用建筑元素正面中间点为交点来绘制斜线的方法多次在不同的壁画中出现，应该是一种描绘"向背"的简易方法。

"度孙卖鱼"在整个画面中没有采用以一个主要控制点整合大部分建筑物斜线角度的方法，而是采用了数个控制点分别控制 7~15° 的斜线角度。以下研究尝试了解设计多个控制点的原因，以便归纳出控制点的主要功能。

图 17 示意了以控制点 A 取代控制点 B 时的图面效果。图面中 A 控制点的角度从 38° 到 61°，由原来的 14° 增加到 23°。而且丙建筑屋檐的斜线与绘制联系桥的斜线重叠（图 17）。所以，B 控制点设计的原因可能是为了避免斜线间的互相干扰，并缩小一个控制点所控制斜线的角度。至于只用来绘制丙建筑障日版下端的控制点 C，应该也是为了避免斜线间的互相干扰而设计的。控制点 D 与控制点 E 只有 1/8 画格（V/8）的高度不同，由它们二者来控制的斜线角度差距不大。为什么需要在这么短的距离内另外设一个控制点？图 18 示意了使用控制点 E 取代控制点 D 时得到的图面效果。由于斜线角度的减少，桥梁前、后端钩阑高度的尺寸有较大的差异。这样的结果产生了前大后小的感觉，也影响了桥梁钩阑高度与其他元素的比例关系。例如桥头牌楼以及人物的尺寸会因为钩阑高度的增加而相对变小（图 18）。

如果 D 控制点的设计就是为了减少图面上前大后小的变形，这就引导了另一个问题：使用控制点而产生前大后小的图面变化是不是画面中诉求的重点？壁画中乙建筑和丙建筑一上一下分置于画面左上侧。乙

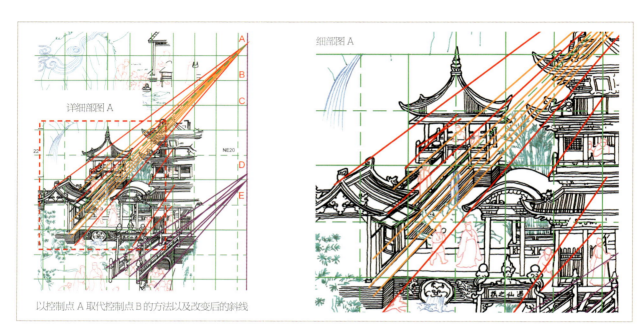

详细部图 A

以控制点 A 取代控制点 B 的方法以及改变后的斜线

细部图 A

图 17 以控制点 A 取代
控制点 B 时的图面效果

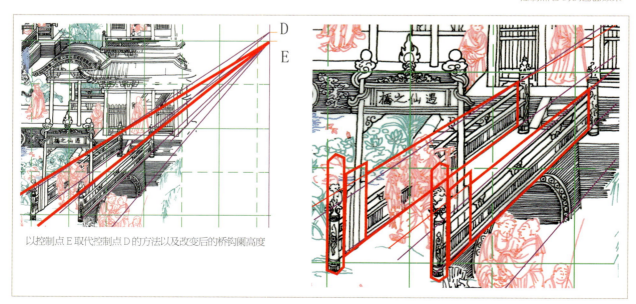

以控制点 E 取代控制点 D 的方法以及改变后的桥钩阑高度

图 18 以控制点 E 取代
控制点 D 时的图面效果

建筑似乎是位于较远处的另一头，和较近的丙建筑隔桥相对。它们之间尺寸的差异应该是回答这个问题最好的方法。

在此垂直和水平并列乙建筑和丙建筑，并比较它们的建筑元素的比例关系（图19）。结果显示：在垂直方向它们的整体高度一样，阶基大小也相同，只有在屋顶和屋身高度有不同的比例变化。在水平方向它们的整体宽度一样，屋顶的中轴线也都通过整个建筑物的中间点。也就是说它们是两栋采用同样大小画格绘制出来的大小几乎相同的建筑物。因为丙建筑的屋身较高，又位于桥梁的近端，乍看之下它似乎比乙建筑大。中国古建筑中建筑物屋顶与屋身所占高度比例的变化取决于建筑物形式的不同，而强调攒尖屋顶的描绘应该是绘制亭式建筑的重点之一。因此，以上图面分析说明了在桥两端的建筑物并没有被刻意地表现出尺寸大小的不同。它们之间前后的关系是以建筑物的位置和斜线的方向来表现。也就是说，画面中并不特别强调近大远小的效果。再度证明了引入D控制点的设计应该是为了减少图面上前大后小的变形。

至于之前提到的长桥桥头的两根柱子宽度无法被转换为画格比例的问题，经由长桥的绘制方法来看，其原因可能是绘制时由接近甲建筑一端往牌楼方向绘制的关系。也就是说，整体控制是利用画格确定了甲建筑和桥头牌楼的大致高度位置，然后考虑其桥梁的斜度，设定了其中一个画格的交叉点为桥面斜线控制点（E）。由靠近甲建筑一端桥头柱子的桥面开始往牌楼方向画斜线，这两条线与接近桥头牌楼起点的水平格线交会的两点就是两根桥头柱子的宽度。在桥钩阑上部斜线角度太大影响了画面的协调性时，引入了局部调整。另外在画格上方1/8的位置（V/8）设立控制点（D）来校正之。如果建筑物总高和画面中几个控制点间的最大距离必须吻合，那么，以绘制桥钩阑上部的控制点（D）为主要参考点往上，选定了控制点A的位置。所以控制点A并不在画格的交叉点上。这些现象证实了在绘图的过程中先有了一定的整体控制然后使用了局部的调整。

以上对控制点的研究可以得出两个结论：

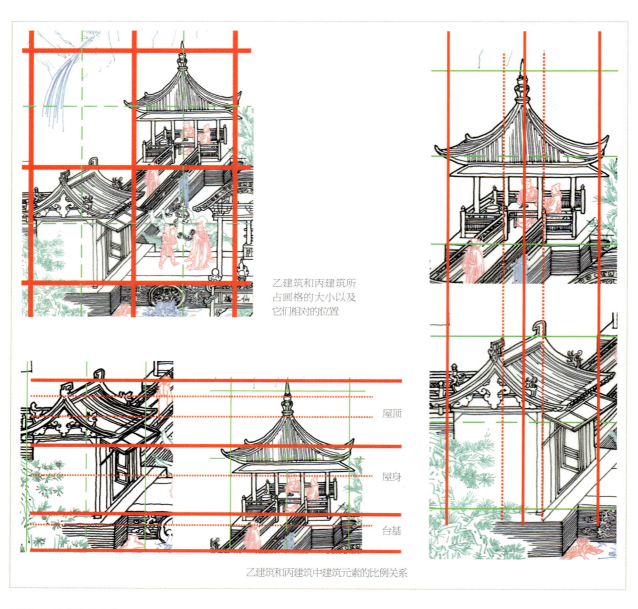

乙建筑和丙建筑所
占画格的大小以及
它们相对的位置

屋顶

屋身

台基

乙建筑和丙建筑中建筑元素的比例关系

图19 乙建筑和丙建筑
在画面中的位置以及它
们建筑元素的比例关系

1. 画面中使用了多个控制点来表现建筑物的"向背"。每一个点控制了小于15°的角度范围。控制点设计的原因是为了避免斜线间的互相干扰、缩小一个控制点所控制斜线的角度以及减少图面上前大后小的变形。

2. 控制点位置的设计采用垂直排列方式，主要安排在画格的交叉点上。控制点间最大距离的设计与屋身总高度相同。

（六）"度孙卖鱼"壁画小结

以上建筑物画法研究的结果和"武昌货墨"相似的有九点，它们可能就是被广泛应用的绘制建筑物的方法：

1. 以画格为"经营位置"的方法安排画面中建筑物的位置。

2. 画格的垂直和水平方向尺寸和建筑元素的垂直和水平方向尺寸成比例关系。

3. 画格的交叉点被用来当作斜线控制点的位置。

4. 使用等腰三角形来规范一栋楼阁建筑的绘制范围。

5. 下层屋身：下层屋顶：上层屋身：上层屋顶的高度比例为 4：3：3：4。

6. "向背"的表现是尽可能地描绘出一栋建筑物的正面和其侧面，以及在画面中绘制桥或是过道等长条形的联系建筑物。

7. "向背"的绘制方法是利用位于建筑物侧面垂直排列的控制点来绘制斜线，它们之间最大距离与屋身总高度相同。

8. 一种快速绘制"向背"的简易方法是利用建筑物正面元素的中间点作为控制点来绘制建筑物侧面斜线的角度。

9. 壁画中主要的斜线没有"一斜百随"的平行线画法等。

此案例研究结果和"武昌货墨"差异较大的有：

1. 上层楼的建筑元素水平宽度是利用其下层楼相对元素的垂直延伸线来界定，所以它们的宽度几乎相同；

2. 此壁画中使用了多个控制点来绘制斜线。

五　楼阁建筑绘制的方法

　　本文以中国古代绘画理论为基础，从绘画者的角度对元代壁画"武昌货墨"和"度孙卖鱼"中的楼阁建筑画法进行了详细的图面分析。以下将归纳由这两个案例所得到的绘制方法并加以讨论，并经由这些理解而得以阐释画论中"经营位置"、"向背"、"画格"以及"一去百斜"和"一斜百随"的用法及意义。

（一）　建筑物位置安排的方法

　　如图所示，两座楼阁的位置都被安排在画面的上半部（图20）。取决于建筑物的朝向一个在左上方另一个在右上方，各自约占总画面比例的1/4。这种将较高大的主建筑安排在画面上方一角的优点除了可以避免对画面中其他建筑物的遮挡外，还可以利用下方及侧面的图面空间来绘制长条形建筑物。使得画面上表现出建筑物位置有前有后的感觉："向背"。

图20　以画格安排建筑物的位置

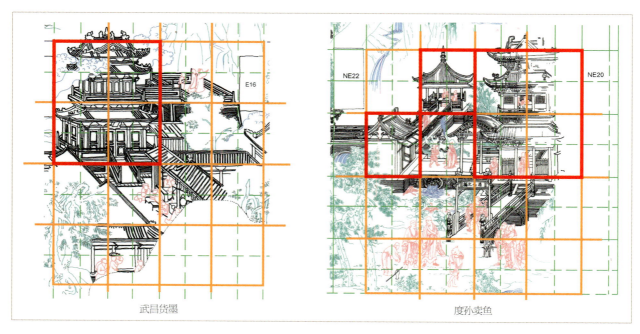

武昌货墨　　　　　　　　　　度孙卖鱼

两个案例画面中所有建筑物位置的安排都与画格的位置相符合，这应该就是古代画论中所强调的"经营画格"。了解了画格在绘制建筑物时的重要性，进一步证实了先前所提到的郭忠恕所使用的"方卓"应该就是画格的应用。另外也犁清了《图画见闻志》中一段无法理解的记载：郭若虚强调"画楼阁多见四角。其斗栱逐铺作为之。向背分明"[37]。如果将句中"四角"解释为一栋楼阁的"四个角落"并不恰当。毕竟除了从正上方高处往下看外，楼阁的四个角落似乎不可能在一个画面中同时表现出来。所以这个"四角"指的应该是绘制时使用了画格。而斗栱就是依照这些画格的交叉点逐层的绘制完成。唯有如此绘制才能够清楚地表现出建筑物的"向背"。

（二） 水平建筑元素的画法

两个案例都使用等腰三角形控制法在画面上括出一栋楼阁建筑的主要绘制范围。三角形的高为 3.5 个画格再加上 1/8 个画格，宽为 2.5 个画格或者是三角形的高为 3 个画格再加上 1/4 个画格，宽为 2 个画格（图21）。位于三角形顶端的控制点和位于三角形底线的水平控制点有助于界定下层楼水平方向建筑元素的位置。至于上层楼的建筑元素宽度，两个案例各自使用了不同的方法。在"武昌货墨"中，上层楼的建筑元素宽度以三角形顶端的控制点和三角形底线的水平控制点来绘制。楼阁建筑元素在上、下楼层之间的宽度有较大不同，明显地反映出了中国古代楼阁宽度由下往上递减的建筑特点。在"度孙卖鱼"中，上层楼的建筑元素宽度是利用其下层楼相对元素的垂直延伸线来界定，所以它们的宽度几乎相同。"纯阳帝君神游显化之图"采用了两种不同的画法来绘制上、下楼层的尺寸关系，不论这是受限于画面的空间所致或是绘画的方

37 原文为"郭忠恕、王士元之流。画楼阁多见四角。其斗栱逐铺作为之。向背分明、不失绳墨。今之画者。多用直尺。一就界画。分成斗栱。笔迹繁杂"，见郭若虚，第10~11页。将"四角"翻译成"四个角落"，原文为"… they usually showed all four corners and their bracketing was arrayed in order"。见 Bush and Shih, p.111。

51

图 21　等腰三角形控制法

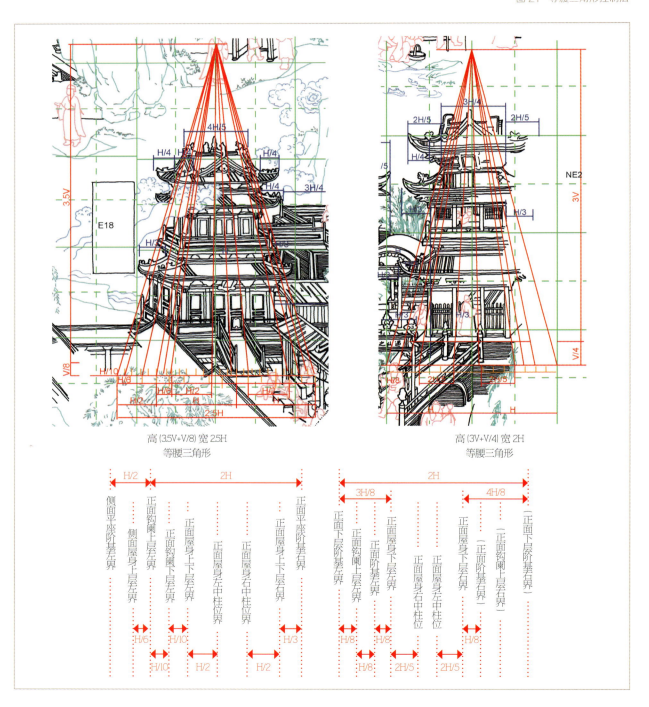

高 (3.5V+V/8) 宽 2.5H
等腰三角形

高 (3V+V/4) 宽 2H
等腰三角形

法不同，代表着它们应该是在当时可以被接受的两种画法，或者是不同的建筑式样。

这种等腰三角形控制法，在古代画论上并没有任何记载。但是可以被理解为将一个控制点设在图面上方，再以两条相同角度但不同方向的斜线来绘制图面的方法。在绘制方法上应该是"一去百斜"的画法之一。但是这种方法比侧面控制点的运用更着重让三角形的垂直线通过建筑物的中轴线，而且两条斜线和垂直线的夹角角度必须相同。有可能是一种由"一去百斜"演变而来的简易绘图方法。

在建筑元素图面的比例关系上，图21显示出，"武昌货墨"似乎是以1/10的画格为最小计算单位作宽度微调，有别于"度孙卖鱼"的1/8的画格。两个案例的建筑元素水平比例也不同。例如"武昌货墨"从正面平坐和阶基右界到正面屋身右界的距离为1/3个画格；在"度孙卖鱼"为1/8个画格到下层楼的上层阶基或是3/8个画格到下楼层的下层阶基；"武昌货墨"整个下层阶基侧面为1/2个画格，同样的尺寸却是"度孙卖鱼"壁画中下层楼的下层阶基到下层楼屋身的距离。当然这样的现象有可能是因为三角形的比例不同所采用的两种不同比例画法。

下以表格归纳建筑侧面和正面的比例关系以及出檐长度（表1）。"武昌货墨"楼侧面和正面的水平尺寸比例为1：3、1：3.5、1：4、或是1：5，取决于在图中的位置。这个比例在"度孙卖鱼"如果以下层屋身计算大约是1：5。对画面上建筑物侧面和正面的比例关系的要求，尚未发现有文字上的记载。唐志契在《绘事微言》（约1620年）《楼阁》篇中提到了"盖一枋一栱，有反有正，有侧二分正八分者"，指的可能是斗栱侧面和正面水平尺寸的比例为1：4[38]。如果这样的比例也适用于楼阁侧面和正面的画法，那么本文中的两个案例说明了元代楼阁建筑侧面和正面的比例为1：3到1：5不等，取决于其在图中的位置。

■ 38 参阅注34。

	武昌货墨		度孙卖鱼
侧面和正面的比例		以楼最大水平范围计算，并以上层正面钩阑左面望柱为界约为 1：3	
		以上层屋身计算约 1：4	
		以上层钩阑望柱计算约 1：5	以下层屋身计算约 1：5
		以下层屋身计算约 1：3	
		以下层钩阑望柱计算约 1：3.5	
出檐长度	出檐长度约 H/3 到 H/4		出檐长度约 H/3 到 H/4
	重檐的下檐长度比上檐长度稍长		重檐的下檐长度比上檐长度稍长

表1 主要建筑侧面和正面的比例关系以及出檐形式

在楼阁的出檐形式上，两幅壁画出檐的长度都约为 1/3 到 1/4 的画格宽度。但是屋顶重檐的下檐都比上檐稍长。画面中对楼阁建筑出檐的形式要求，只有稍晚戴以恒在《醉苏斋画诀》（约 1880 年）中有"若画下层出檐深，最为笨拙不得神。庙宇重檐无他奇，上层下层一刀齐"的叙述。其中"下层出檐深"一段以本文中的两个案例的画法来看应该就是说出檐的长度要小于 1/3 的画格宽度。"上层下层一刀齐"则和本文中的案例有些许出入，也与建筑实物不同。戴以恒为"名重海外"、"从学者百人"的知名画家[39]，他所描述的可能是另外一种重檐的画法[40]。例如元代王振朋《龙池竞渡图》中建筑物重檐的上、下檐长度就是几乎相同。总之在绘制建筑物时，对重檐屋顶上下檐的长度可能是以尽量接近为佳。

■ 39 见俞剑华编：《中国画论类编》，第 1009 页。

■ 40 元代李容瑾《汉苑图》中建筑物重檐的下檐较上檐稍长；同时期王振朋《龙池竞渡图》中建筑物重檐的上、下檐长度则几乎相同。以上两例图片，见彭莱编：《中国山水画通鉴·11·界画楼阁》，第 82~91 页。

（三） 垂直建筑元素的画法

在垂直建筑元素上，"武昌货墨"与"度孙卖鱼"的画法相似。如图22和表2所示，如果将两个案例以接近的高度并列，两栋建筑物的上、下层楼高度相同。如果将每一层的高度均分为7个等份，两栋阁楼建筑的屋身和屋檐高度比例也相同。下层楼屋身和屋顶的比例约为4:3；上层楼屋身和重檐屋顶的比例约为3:4；阶基的高度则约为2-3份不等。例外的是"度孙卖鱼"的重檐屋顶高度又往上提高了2份。这项研究说明了二者共用了一套楼阁建筑垂直高度比例的画法：4:3:3:4。

表2 楼建筑主要建筑元素的垂直比例关系

	武昌货墨	度孙卖鱼
阶基高	3/7	2/7
下楼层总高	7	7
下楼层屋身	4	4
下楼层屋檐	3	3
上楼层总高	7	7
上楼层屋身	3	3
上楼层屋檐	4	4+2/7

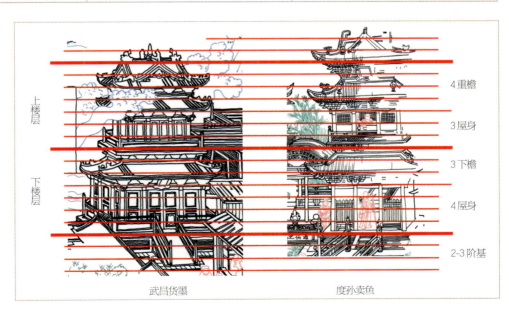

图22 主要建筑元素的垂直比例关系

　　对楼阁的上、下层高度比例关系，龚贤在《龚安节先生画决》（约1670年）中记载了"楼阁第二层宜浅"[41]。这个说法虽然比本文案例绘制的时间晚了约300年，但是画法似乎没有改变。关于唐志契《绘事微言》以及戴以恒《醉苏斋画诀》所强调的"楼阁上半极其精详，下半极其混沌"、"画楼不可画下层"等说法。与本文的两个案例不同。这可能是取决于画面中是否以表现建筑物为目的，不在本文的讨论范围。

　　那么，以这种高度比例绘制出的楼阁建筑是出自于图面设计考量或是以实际建筑物的高度比例为原形？在建筑实物上，陈明达发现宋代建筑物的轮廓尺寸与柱高有关，傅熹年接着提出了柱高为扩大模数的说法[42]，都强调建筑物的高度比例是以柱子的高度为基本尺度。如果将这样的比例原则应用在画面上，以下层楼门底到斗栱底为柱高，整个楼阁建筑到重檐斗栱以下的高度应该是其倍数。如图所示，整个建筑在重檐斗栱以下的高度并不是刚好下层楼柱高度的倍数。虽然如此，画面中"武昌货墨"的柱高约为22厘米，为画格的一半；而"度孙卖鱼"约23厘米，只比一半的画格稍大，似乎也指出了图面上柱高在建筑物高度比例上的重要性（图23）。

　　至于"上层楼是下层楼的一半"这样的说法，与图面上层楼是2，而下层楼是3的画法不同，可能是参考了当时不同建筑物的结构比例[43]，例如图中的高度比例和现存的天津蓟县独乐寺观音阁的比例相似。

　　以上垂直和水平建筑元素的比例研究证实了建筑元素尺寸与画格尺寸有一定的比例关系，再度指向了画格应该就是画面中建筑元素的基本

■ 41 参见注34

■ 42 对于房屋外观立面的比例研究，见陈明达：《营造法式大木作研究》，第125~133页。建筑物高度和房屋立面的设计使用了柱高为扩大模数，见傅熹年：《中国古代城市规划、建筑群布局及建筑设计方法研究》，前言第5页。其中对楼阁建筑的图面分析见同书图册第219~231页。

■ 43 山西大同市善化寺普贤阁建于1128~1143年间，其上层楼高度约为下层楼的一半。另外，天津蓟县独乐寺观音阁约建于986年，其上层楼高度比下层楼的一半稍大。以上两例的详细研究和建筑高度比例见傅熹年：《中国古代城市规划、建筑群布局及建筑设计方法研究》，第154~160页和图册第219~227页。另外，虽然建造时间较晚，山东孔庙奎文阁为明代重檐三滴水的二层建筑，和本文中的两个楼阁案例

外形相似。其整体高度比例和"度孙卖鱼"也相似。它的纵剖面比例若以柱高H为扩大模数，其上层楼板高为2H，其阁身上层屋顶中金桁标高为4H，见傅熹年：《中国古代城市规划、建筑群布局及建筑设计方法研究》，第167~168页和图册第242~243页。

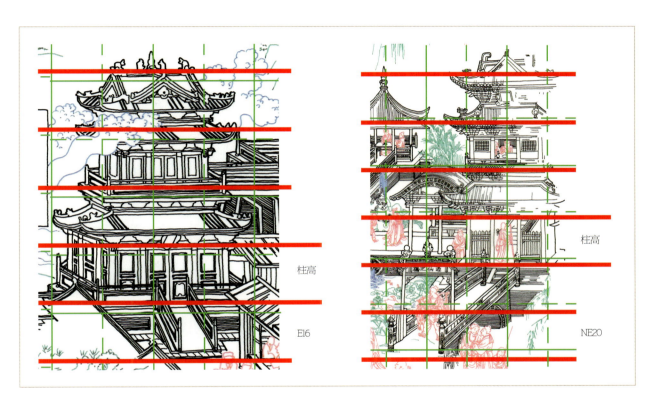

图 23　以柱子的高度为
基本单位对建筑物高度
作分割

模数。这个发现有助于了解画建筑物时需要"乘除法于其间"或是要"折算无亏"句中所指的换算就是：以基本模数折算出建筑元素的比例[44]。由此可知，设定一个适当的基本模数应该是绘制建筑物之初首要的工作。至于如何设定基本模数这个问题，"用界折算无遗"不仅说明了需要有折算的步骤，还指出了使用"界"这样的工具[45]。画建筑物时需要使用工具这一点在《历代名画记》中也记载了"界笔"和"直尺"两种工具[46]。因为缺乏实物的证据，关于"界"和"界笔"的形式以及它们的使用方法仍然处于推测的阶段[47]。本文虽然在图面研究时证实了画格被当作基本模数来绘制建筑元素的尺寸，但是也不否定另外一种可能性，那就是画格与建筑元素都采用了一个共同的尺寸模数：一种像尺一样的工具。从画格的高度和宽度不同的情况来看，这个尺应该具有两个方向性，它们各自为垂直和水平画格的模数以及垂直和水平建筑元素的模数。也就是说"纯阳帝君神游显化之图"在绘制时可能使用了一把具有在垂直和水平方向不同尺寸的矩形尺。以这个尺在画面上界定出和其大小相同的画格来安排画面中建筑物的位置，也利用尺上所刻画的不同尺度来快速地绘制所有细部建筑元素的尺寸，例如画面中经常出现的 1/2、1/4、1/8 等等[48]。郑绩在《梦幻居画学简明》（约 1820 年）中提到了界尺是一种"匠习所用间格方直之木间尺"[49]。这个矩形尺是不是"界"或是"界"的一种，还需要更多的研究与讨论。

■ 44 "乘除法于其间"，见杨家骆编，第 216 页；"折算无亏"，见夏文彦：《图画宝鉴》（元），上海：商务印书馆，1936 年，第 2 页以及郭若虚，第 10 页。另外，相类似的记载有"上折下算"，见 Lachman, p.3.12r；"折算无差"，见文徵明：《衡山论画山水》（约 1540 年）收录于俞剑华编：《中国画论类编》，第 709 页。

■ 45 "用界折算无遗"，见唐寅：《六如论画山水》（约 1520 年）收录于俞剑华编：《中国画论类编》，第 708 页。

■ 46 （吴道子）"何以不用界笔直尺。而能弯弧挺刃。植柱构梁。……夫用界笔直尺。是

死画也"，见张彦远，第 24~25 页。"直尺"和"界"的使用也在《图画见闻志》中提到："今之画者，多用直尺，一就界画。"见注 37。

■ 47 有关于界尺的研究，参考彭莱编：《中国山水画通鉴·11·界画楼阁》，上海：上海书画出版社，2006 年，第 8 页；傅东光编：《故宫藏建筑绘画》，北京：紫禁城出版社，2002 年，第 8 页；学者试图还原界尺的形式的有赵广超：《笔记清明上河图》，香港：三联书店香港有限公司，2004 年，第 10~11 页；萧默，第 275~276 页。

■ 48 矩的形式常见于汉代画像石中。学者认为矩有刻画，而且可以利用这些尺度来取得特定

的角度。这就是《考工记》中所记载的"以矩起度"，见戴吾三编：《考工记图说》，济南：山东画报出版社，2003 年，第 30、86~87、145~147 页。本文的在楼阁建筑图面分析中，虽然未发现有利用矩形尺来绘制角度的现象，但是在研究"纯阳帝君神游显化之图"中院落建筑的绘制方法时，发现利用 37 厘米和 44 厘米长做成的矩形尺可以轻易地画出 30°、40°以及 50° 的斜线。这三个角度正是壁画中三组院落中轴线的角度。对于全区壁画采用矩形尺作为角度及尺寸基本模数的研究，参考 Wang, pp.117-124。

■ 49 见俞剑华编，《中国画论类编》，第 967 页。

（四）　斜线的画法

　　"武昌货墨"与"度孙卖鱼"壁画主要通过斜线来表现图面上的深度以及广度。如图所示，这些斜线分别交会在画面左侧或是右侧垂直排列的控制点上。控制点的位置主要安排在画格的垂直和水平交会点上。控制点间的最大间距和楼阁建筑的高度相同；控制点的高度位置也参考了楼阁的高度（图24）。

　　下面以表格形式列举这些侧面垂直控制点的用法及功能（表3）。"武昌货墨"采用了主控制点法，包含有一个主要控制点和3个辅助控制点。主要控制点控制19°的斜线角度范围；辅助点控制小于8°的斜线角度范围。主控制点的功能在于整合大部分建筑物的斜线角度；辅助控制点避免主要建筑元素被遮盖、缩放画面中的空间大小并提高建筑物图面上的稳定性。"度孙卖鱼"采用了多控制点法，图面上共有5个控制点。每一个点控制小于15°的斜线角度范围，它们的作用包括避免相邻建筑物间相同斜线角度的互相干扰、缩小一个控制点所能控制的斜线角度、缩放画面中的空间大小以及减少图面上前大后小的变形。此外，两个案例中都在钩阑、阶基等次要部位利用建筑物正面元素中间点

图24　壁画中所有斜线的用法

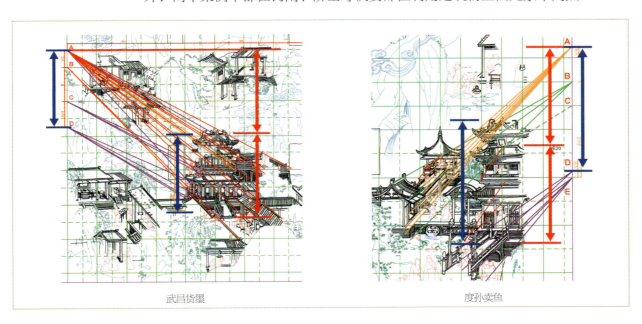

武昌货墨　　　　　　　　　　　　度孙卖鱼

绘制的方法			功能／目的
主控制点法	一个主控制点	控制 19 度的斜线角度范围	整合大部分建筑物的斜线角度
	多个辅助点	控制小于 8 度的斜线角度范围	避免主要建筑元素被遮盖
			缩放画面中的空间大小
			提高建筑物图面上的稳定性
多个控制点法		每一个点控制小于 15 度的斜线角度范围	避免相邻建筑物间相同斜线角度的互相干扰
			缩小一个控制点所能控制的斜线角度
			缩放画面中的空间大小
			减少图面上前大后小的变形

表 3　侧面垂直控制点的用法及功能

作为较短斜线的角度控制点。这应该是一种简易绘制斜线角度的方法。

　　对于本文所发现的将斜线交会在控制点上的做法，古代画论中并没有类似的记载。但是这种有意识地将斜线控制点设计在图面周围或是图面上的例子，在唐代有陕西懿德太子墓室中的阙楼壁画以及敦煌172窟、45窟等[50]，在金代有山西繁峙岩山寺中的皇城建筑壁画。如果能够对设计控制点位置的具体方法及其原始动机有进一步的归纳与了解，将有助于了解中国古代对画面上建筑物的解读方法。

　　本文在讨论古代画论时提到，斜线的画法有"一去百斜"以及"一斜百随"两种说法。虽然文中两个案例的主要斜线都是以"一去百斜"的方法交会在控制点上，并没有明显使用平行线的例子。但是不可否认，"一斜百随"字面上的意思就是平行线，而"纯阳帝君神游显化之图"中"院落"建筑物的主要斜线几乎都是以平行线的方法绘制[51]。所以"一去百斜"以及"一斜百随"应该是同时存在的两种使用斜线的方法。

　　以上对"武昌货墨"和"度孙卖鱼"壁画线描图分析的结果证实，元代绘制楼阁建筑有一套具体的绘制原则和方法，甚至有绘制工具的使用。

■ 50 山西繁峙岩山寺的皇城建筑金代壁画以及陕西唐代懿德太子墓室中的阙楼画法研究，见 Wang, pp.215~223,pp.283~296。敦煌莫高 45 窟北壁以及 172 窟壁画图面，见敦煌研究院编：《敦煌石窟全集·21·建筑画卷》，香港：商务印书馆，2001 年，第 120、125~128 页。

■ 51 壁画中使用平行线绘制院落建筑的研究，见 Wang, pp.91~116。

六 经营位置、画格、向背以及"一去百斜"的用法及意义

通过以上详细的图面分析，本文对古代画论中"经营位置"与"向背"在楼阁建筑中的定义，可以藉图面绘制方法和使用这些方法的目的来总结。绘制建筑物时需要"经营位置"的意思是：以"画格"来安排画面中建筑物的位置。"向背"的意思是：以斜线绘制出建筑物的侧面和不同方向的长条形建筑来强调画面中建筑物位置的前后感。两个案例都是主要以"一去百斜"的方法来控制斜线的角度。绘制建筑物的正面及其他水平方向元素尺寸时，这些斜线交会在建筑物上端的一个控制点上。绘制建筑物的侧面时，这些斜线分别交会在画面侧面的几个垂直控制点上。这些控制点通常位于画格的垂直和水平交会点上。"向背"还可以通过一种简单的方法来绘制，那就是利用建筑物正面元素中间点作为斜线的角度控制点（表4）。

表4 "经营位置"与"向背"在楼阁建筑中的运用方法以及这些方法的目的

中国古代画论		绘制的方法				功能／目的
经营位置	画格	从横网格				安排建筑物在画面中的位置
向背	一去百斜	建筑物的水平方向尺寸	等腰三角形控制法／上方控制点法	顶端为斜线的总控制点		控制所有斜线的角度
				底线为设计水平控制点的基准线		界定水平方向建筑元素的位置、界定上、下楼层间建物的相对位置
				斜线		控制一栋楼主要元素的最大水平范围
		建筑物的侧面	画格	从横网格		作为侧面垂直控制点的参考点，点的最大间距与屋身同高
			垂直控制点法	一个主控制点法	主控制点 控制19度的斜线角度范围	整合大部分建筑物的斜线角度
					多个辅助点 控制小于8度的斜线角度范围	避免主要建筑元素被遮盖
						缩放画面中的空间大小
						提高建筑物图面上的稳定性
				多个控制点法	每一个点控制小于15度的斜线角度范围	避免相邻建筑物间相同斜线角度的互相干扰
						缩小一个控制点所能控制的斜线角度
						缩放画面中的空间大小
						减少图面上前大后小的变形
		长条形的建筑物				增加建筑物图面上的方向性
	简易法	以建筑物正面元素的中间点为交点绘制建筑物侧面斜线的角度				

参考文献

Bush,Susan & Shin, Hsio-yen, Early Chinese Texts on Painting, Harvard University Press, 1985, Cambridge, Mass.

Chung, Anita, Drawing Boundaries - Architectural Images in Qing China, University of Hawaii Press, 2004, Honolulu.

Guo, Qinghua, Chinese Architecture and Planning - Ideas, Methods, Techniques, Edition Axel Menges, 2005, Stuttgart.

Guo, Qinghua, The Mingqi Pottery Buildings of Han Dynasty China 206BC - AD220: Architectural Representation and Represented Architecture, Sussex Academic Press, 2010, Brighton, Portland, Toronto .

Lachman Charles, Evaluations of Sung Dynasty Painters of Renown - Liu Tao-ch'un's Sung-ch'ao Ming-hua p'ing, E.J. Brill, 1989, Leiden. New York.

Wang, Hui Chuan, The Use of the Grid System and Diagonal Lines in Chinese Architectural Murals: A Study of the 14th Century Yongle Gong Temple Supported by an Analysis of Two Earlier Examples, Prince Yide's Tomb and Yan Shan Si Temple, PhD thesis, The University of Melbourne, 2009.

柴泽俊：《山西寺观壁画》，北京：文物出版社，1997年。

陈明达：《营造法式大木作研究》，北京：文物出版社，1981年。

戴吾三编：《考工记图说》，济南：山东画报出版社，2003年。

邓椿（宋）：《画继》，北京：人民美术出版社，1963年。

敦煌研究院编：《敦煌石窟全集·21·建筑画卷》，香港：商务印书馆，2001年。

敦煌研究院编：《敦煌石窟全集·5·阿弥陀经画卷》，香港：商务印书馆，2002年。

傅东光编：《故宫藏建筑绘画》，北京：紫禁城出版社，2002年。

傅熹年：《中国古代的建筑画》，《文物》1998年第3期 。

傅熹年：《傅熹年建筑史论文集》，北京：文物出版社，1998年。

傅熹年：《中国古代城市规划、建筑群布局及建筑设计方法研究》，北京：中国建筑工业出版社，2001年。

傅熹年：《傅熹年建筑史论文选》，天津：百花文艺出版社，2009年。

郭若虚：《图画见闻志》（北宋），北京：人民美术出版社，1963年。

姜绍书：《韵石斋笔谈》（明），台北：艺文印书馆，1964~1975年。

金维诺编：《中国殿堂壁画全集·3·元代道观》，太原：山西人民出版社，1997年。

雷圭元：《中国图案作法初探》，上海：上海人民美术出版社，1996年。

李鼎霞编：《佛教造像手印》，北京：北京燕山出版社，1991年。

梁思成：《梁思成全集》（第一卷），北京：中国建筑工业出版社，2001年。

罗华庆编：《敦煌石窟全集·2·尊像画卷》，香港：商务印书馆，2002年。

彭莱编：《中国山水画通鉴·11·界画楼阁》，上海：上海书画出版社，2006年。

商务印书馆编辑部编：《辞源》，北京：商务印书馆，1999年。

太原市崛𪩘山文物保管所编：《太原崛𪩘山多福寺》，北京：文物出版社，2006年。

汤垕：《画鉴》（元），北京：人民美术出版社，1959年。

王树村：《中国民间美术史》，广州：岭南美术出版社，2004年。

王應麟编：《玉海》（宋），台北：台湾华文书局，1964年。

吴葱：《在投影之外——文化视野下的建筑图学研究》，天津：天津大学出版社，2004年。

夏文彦：《图画宝鉴》（元），上海：商务印书馆，1936年。

萧军编：《永乐宫壁画》，北京：文物出版社，2008年。

萧默：《敦煌建筑研究》，北京：机械工业出版社，2003年。

谢赫（南齐）、姚最（隋）：《古画品录、续画品录》，人民美术出版社，1962年。

杨家骆编：《宣和画谱》，台北：世界书局，1967年。

杨永源：《盛清台阁界画山水之研究》，台北：台北市立美术馆，1987年。

俞剑华：《中国壁画》，北京：中国古典艺术出版社，1958年。

俞剑华编：《中国画论类编》，香港：中华书局香港分局，1973年。

张彦远（唐）：《历代名画记》，北京：人民美术出版社，1963年。

赵广超：《笔记清明上河图》，香港：三联书店香港有限公司，2004年。

永乐宫纯阳殿建筑壁画线描图

E1 瑞应永乐第一

E2 黄粱梦觉第二

E4 历试五魔

E6 神应帝王

E8 度老松精
E10 神化度曹国舅

[11] 度何仙姑

E13 诱侯用晦

E15 度陈七子

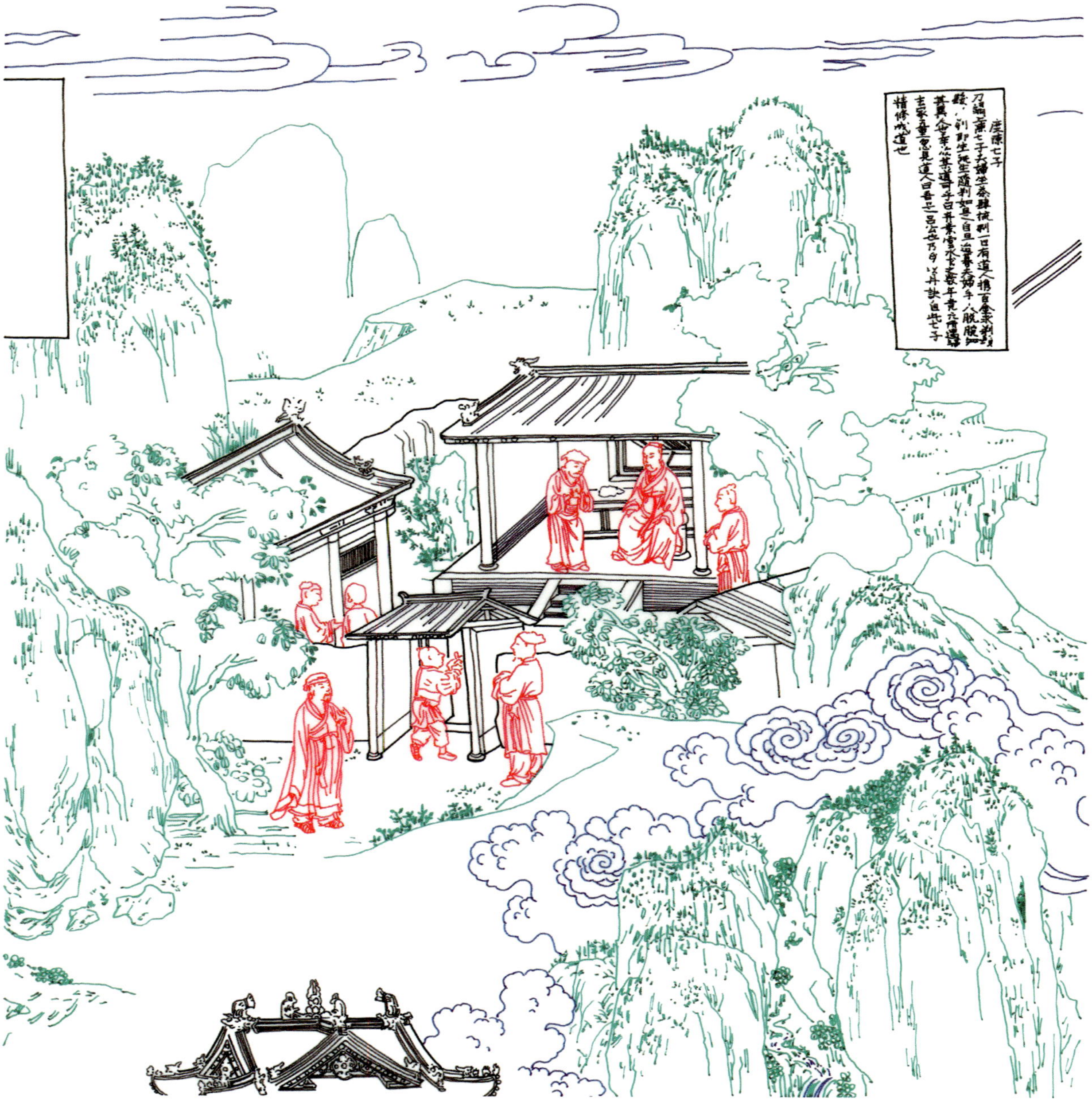

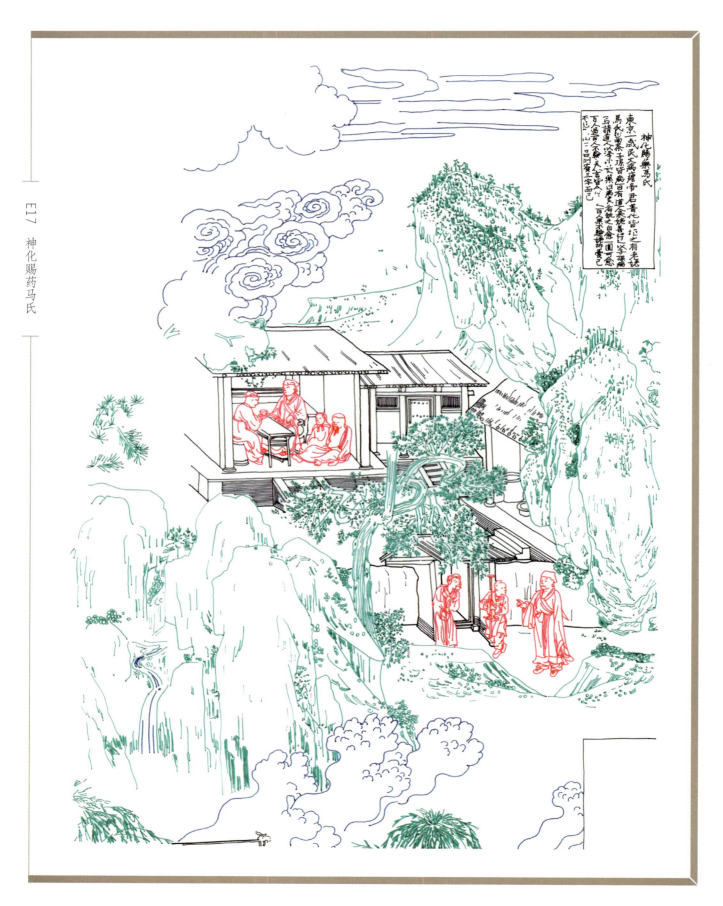

E17 神化赐药马氏

神化赐药马氏

NE19 庐山放生

NE21　神化肥豚华山

NE24　度马庭鸾

87

W31 正君心非

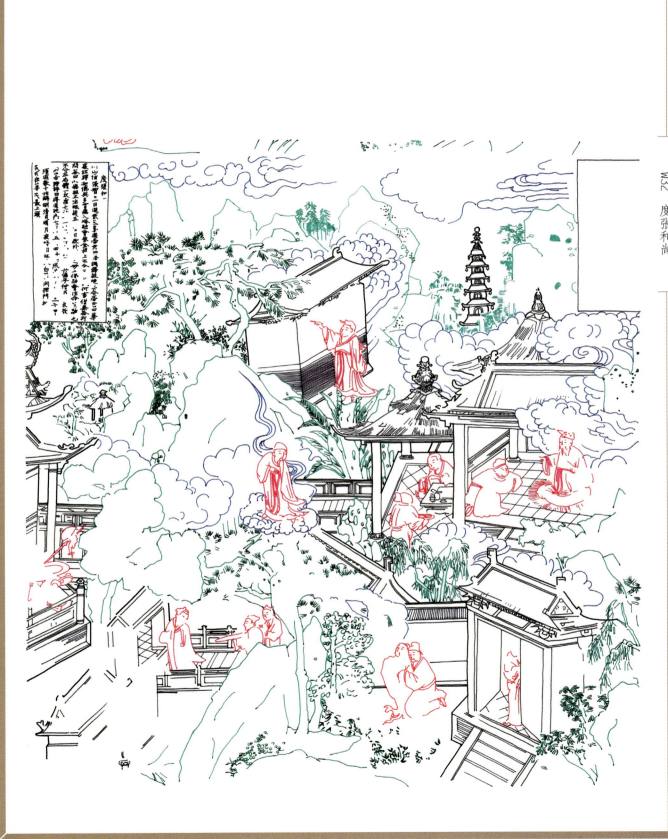

W35 救刘氏病

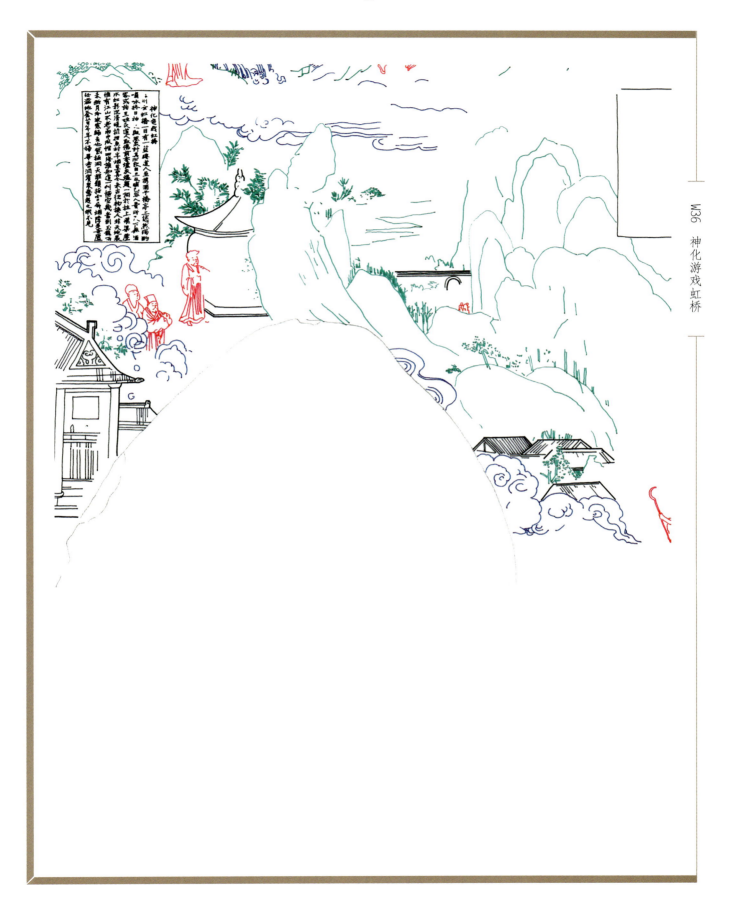

W36 神化游戏虹桥

99

神化赵相公

赵相公能官周岁陕西，可有道人传草蔬笋，可言着之登仙。公自信悦，欢许，日享金丹两道，宝取之夫人困和谋志、校公出而粮。道人余年。近程连沛有诗去。十两黄金信天高，草佳者入会宵，相公乐是天人谈，教了蓬来之道。

W41 神化鼎州货墨

神化鼎州货墨

鼎州常德俗日居一直三官日卖拈市雕与公事便随其婦合我全
不在尚招军時先生醉不願久至其出致打開和約至托择到将询
開先生相醉之名犹符慇懃额此地有绵退詩云
偈田州主闕惜由家音共不雖墨下
閩我醉時真圇
詞茶慇謝長坐想
回道土作

句扶南芳月彭頭
令朝来度尸作播
遂通白常病未來

NW45 探徐神翁 1

NW46　上清宫留题

NW48　神惊陈公

NW50　长溪觅斋

NW52　神化度刘高尚

后记

　　永乐宫纯阳殿建筑壁画线描图是我的博士论文《画格与斜线在中国古代建筑壁画中的使用：以 14 世纪永乐宫壁画为主要案例，以懿德太子墓和岩山寺壁画为辅助案例》研究的最基本资料。为了研究需要，我于 2005 年依据 1997 年天津人民美术出版社的《永乐宫壁画全集》临摹了一套，并以此完成了论文中所有建筑画的图面分析。2008 年，在我论文完成前的 3 个月，文物出版社在《永乐宫壁画》一书中发表了一套更精确的照片。为了要进一步确认论文中所证实的结果，我又用了 8 个月的时间再次线描纯阳殿的建筑壁画。并依此重新审视论文中建筑物的画法。《元代永乐宫纯阳殿建筑壁画线描》一书呈现了这部分工作的结果，它包括了纯阳殿建筑壁画全区线描图、52 幅壁画的单张线描图以及一篇关于永乐宫楼阁建筑画法的研究。

　　楼阁建筑画法的研究以中国古代画论为基础，再以实物图面分析作交互印证，试图找出古人沿用的绘制建筑物的原则和方法等。这种研究方法主要受了古建专家陈明达以及傅熹年的启发。他们从《营造法式》的研究入手，再以建筑实物为参照。二者交互考证，试图找出古建筑的"规划设计原则、方法和艺术构图规律"。当然，我所做的尝试只是对中国古代建筑物绘制方法的初探。限于学术水平、图面资料的限制等等难免有"以管窥天"之嫌，希望读者不吝补充与指正，以期有所改进。并希望此书的出版能够达到抛砖引玉的效果，让先人的智慧能够被充分地了解，继续传承进而发扬光大。

　　文章中对建筑物的分析，主要着重其比例关系而不在其实际的尺寸大小。线描图在描绘过程中所造成的误差值，对分析的结果不至造成重要的影响。但是，大约 ±2% 的线描图图面尺寸误差值还是有可能存在的。线描图的尺寸误差主要来自照片拍摄和结合时的少许误差，以及描绘的过程中 A 3 透明描图纸遇热所产生的收缩变形等，当然也包括了描绘过程中的人为误差。虽然《永乐宫壁画》一书，提出了对照片精确度的保证（第 10 页和第 70 页），但是照片拍摄及接合时的些许误差仍然可以用肉眼观察得出来，例如书中第 184 页右下方建筑物的屋脊，第 186 页右下方牌楼的柱子，同一页左上方何仙姑的手臂和手中的篮子等等。

　　此书呈现了我的博士论文的一部分，中文版能够成书主要归功于我的导师国庆华。感谢国老师为我引导了这片广阔的学术天地和多年来孜孜不倦的教诲。国老师严谨的治学作风和对学术前沿的把握是我学习的榜样。我也要借此机会感谢副导师 Angela Hass 以及论文评委刘畅和景安宁。还要感谢墨尔本大学东亚图书馆馆长杨碧霞和多位馆员、Olive Hamilton 以及其他在墨尔本的朋友们。几次到永乐宫调研，得到芮城县委、永乐宫肖军、已故画家范金鳌及其家人的热诚接待，在此致上诚挚的谢意。此书在编辑过程中，感谢文物出版社张小舟主编及刘婕编辑费心校稿。最后，感谢在台湾为我祝福的父母及亲人，因为有了您们的支持，上述的一切才有可能实现。

王卉娟

2011 年 5 月 于墨尔本